# BESTACTIVITYBOOKS.COM

## Copyright © 2022 LINGUAS CLASSICS

PREMIERE ÉDITION

Dépôt légal, 2022

Illustration Graphique Extra: www.freepik.com
Merci à Alekksall, Starline, Pch.vector, Rawpixel.com, Vectorpocket, Dgim-studio, Upklyak, Macrovector, Stockgiu, Pikisuperstar & Freepik.com Designers

Découvrez des Jeux Gratuits en Ligne

Disponible Ici :

**BestActivityBooks.com/FREEGAMES**

# 5 ASTUCES POUR DÉMARRER !

## 1) COMMENT RÉSOUDRE LES MOTS MÊLÉS

Les puzzles sont dans un format classique :

- Les mots sont cachés sans espaces, tirets, ...
- Orientation : Les mots peuvent être écrits en avant, en arrière, vers le haut, vers le bas ou en diagonale (ils peuvent être inversés).
- Les mots peuvent se chevaucher ou se croiser.

## 2) UN APPRENTISSAGE ACTIF

Un espace est prévu à côté de chaque mots pour noter la traduction. Pour favoriser un apprentissage actif un **DICTIONNAIRE** à la fin de cette édition vous permettra de vérifier et étendre vos connaissances. Cherchez et notez les traductions, trouvez-les dans le Puzzle et ajoutez-les à votre vocabulaire !

## 3) MARQUEZ LES MOTS

Vous pouvez inventer votre propre système de marquage. Peut-être en utilisez-vous déjà un ? Sinon, vous pourriez, par exemple, marquer les mots qui ont été difficiles à trouver d'une croix, ceux que vous avez aimés d'une étoile, les mots nouveaux d'un triangle, les mots rares d'un diamant, etc...

## 4) STRUCTUREZ VOTRE APPRENTISSAGE

Cette édition vous offre un **CARNET DE NOTES** très pratique à la fin du livre. En vacances ou en voyage ou à la maison, vous pouvez facilement organiser vos nouvelles connaissances sans avoir besoin d'un second bloc-notes !

## 5) VOUS AVEZ FINI TOUTES LES GRILLES ?

Allez à la section bonus **CHALLENGE FINAL** pour trouver un jeu gratuit à la fin de cette édition !

**Simple et Rapide !** Découvrez notre collection de livres d'activités pour votre prochain moment de détente et **d'apprentissage**, à juste un clic de distance !

Trouvez votre prochain défi sur :

BestActivityBooks.com/MonProchainLivre

# À vos marques, prêts... Partez !

Saviez-vous qu'il existe environ 7 000 langues différentes dans le monde ? Les mots sont précieux.

Nous aimons les langues et avons travaillé dur pour créer les livres de la plus haute qualité pour vous. Nos ingrédients ?

Une sélection des thématiques d'apprentissage adaptée, trois belles parts de divertissement, puis nous ajoutons une cuillère de mots difficiles et une pincée de mots rares. Nous les servons avec soin et un maximum de plaisir pour vous permettre de résoudre les meilleurs jeux de mots mêlés qui soient et d'apprendre en vous amusant !

-------

Votre avis est essentiel. Vous pouvez participer activement au succès de ce livre en nous laissant un commentaire. Nous aimerions vraiment savoir ce que vous avez préféré dans cette édition !

Voici un lien rapide qui vous mènera à la page d'évaluation de vos commandes :

BestBooksActivity.com/Avis50

Merci pour votre aide et amusez-vous bien !

*De la part de toute l'équipe*

# 1 - Adjectifs #2

```
B F U X W E I B C K G O K J N X
I E D E G P P E M R R V H Z U L
N I S U T N A G E L E H N G P C
T T C C A T W A U S V A N S M V
E C B H H H S A A S I D T G P P
R U G O O R D F J T U M Y I K L
E D I G T R I D N O Z E G T E K
S O R H G Q P J A R U O U H I F
S R E O M G E J V T P R Z C T V
A P P F W L E J A E I E O A N U
N Q A N U I V L R V N B U R E L
T O L U E H L Q O F K D T K H T
G T S S I G B D J E Z R K R T A
I Q K N N F C K S D V J O E U L
D T Q S T K K J I L R U U T A N
D R A M A T I S C H T H Y S U C
```

AUTHENTIEK        NATUURLIJK
BEROEMD           NIEUW
CREATIEF          PRODUCTIEF
BESCHRIJVEND      KRACHTIG
BEGAAFD           ZUIVER
DRAMATISCH        GEZOND
ELEGANT           ZOUT
TROTS             WILD
STERK             DROOG
INTERESSANT       SLAPERIG

# 2 - Formes

```
V A I L T U U H U T S N H O U S
E X K U U J T Y T T N K W V I J
E U U M J V Y P K A N T T A A T
L N B I Z E Q E C Z O E Q A R H
H F U T N A K R E I V D D L F O
O C S C E U K B O N P N A N D E
E I Q W R D G O O B P O A N A K
K R X X L M B O G I F R Z H F R
C K K B N Y X L M U L E G E K H
S E R E C H T H O E K I S H D J
A L D R I E H O E K G N J R H U
L C C B W C U S R H C Y R N V G
M J C U G Z B E G D F N B I D B
Q W B B R E D N I L I C R J V Q
J U R O E V P R I S M A R Y K N
L V M L Y H E D I M A R I P K D
```

| | |
|---|---|
| BOOG | HYPERBOOL |
| RANDEN | LIJN |
| VIERKANT | OVAAL |
| CIRKEL | VEELHOEK |
| HOEK | PRISMA |
| CURVE | PIRAMIDE |
| KEGEL | RECHTHOEK |
| KANT | RONDE |
| KUBUS | BOL |
| CILINDER | DRIEHOEK |

# 3 - Force et Gravité

```
U  A  N  A  Y  V  O  D  Z  Y  K  I  A  O  D  D
M  I  F  V  O  Z  G  N  I  G  E  W  E  B  R  Y
A  G  T  S  W  Q  K  A  T  R  I  K  Y  M  U  N
G  E  C  B  T  I  V  A  Z  D  J  I  T  H  K  A
N  W  A  C  R  A  H  B  S  I  E  T  N  D  T  M
E  I  P  C  J  E  N  R  B  E  E  K  Q  R  P  I
T  C  M  M  Q  M  I  D  G  H  E  P  K  Y  P  S
I  H  I  E  A  S  F  D  K  L  U  L  A  I  L  C
S  T  R  T  Y  W  P  C  I  E  J  A  B  U  N  H
M  C  G  I  T  L  T  N  D  C  N  N  J  Y  G
E  W  R  I  J  V  I  N  G  S  G  E  L  M  F  S
E  I  G  E  N  D  O  M  M  E  N  T  L  G  W  K
M  E  C  H  A  N  I  C  A  U  Z  E  U  D  H  O
U  N  I  V  E  R  S  E  E  L  O  N  B  U  Z  Y
N  A  T  U  U  R  K  U  N  D  E  G  Z  S  X  U
B  I  K  C  E  N  T  R  U  M  K  F  M  V  P  K
```

| | |
|---|---|
| AS | BEWEGING |
| CENTRUM | BAAN |
| ONTDEKKING | NATUURKUNDE |
| AFSTAND | PLANETEN |
| DYNAMISCH | GEWICHT |
| UITBREIDING | DRUK |
| WRIJVING | EIGENDOMMEN |
| IMPACT | TIJD |
| MAGNETISME | UNIVERSEEL |
| MECHANICA | SNELHEID |

# 4 - Adjectifs #1

```
V X A Z A A E N O R M G V D Z V
Z I A M M R A R T I S T I E K A
A M N N B O Q Z P Z J A N E P B
D D T I I M P E R F E C T H G S
J U R Y T A K N L M Z W N J U O
B N E J I T J A Z W A A R O L L
D K K Q E I I C U K P E N Y U
I S K C U R J S T P I D G K U
Y I E T S C G E A X I O O M L T
R D L H U H N W Q W K E M Z N M
Z E I L H G A R W T W C F P E X
C N J K J I L R E E U E S M N R
J T K S N F E X O T I S C H Z Z
H I B Q M G B L A N G Z A A M O
M E V O N S C H U L D I G J X X
Z K S Z I A B Q L B B B A D N H
```

ABSOLUUT            EERLIJK
ACTIEF              IDENTIEK
AMBITIEUS           BELANGRIJK
AROMATISCH          ONSCHULDIG
ARTISTIEK           JONG
AANTREKKELIJK       LANGZAAM
MOOI                ZWAAR
EXOTISCH            DUN
ENORM               MODERN
GUL                 PERFECT

# 5 - Instruments de Musique

```
S X R W K K U N I O A C P K E Z
K J G T O L L E C R X L E O X P
B X Y K F G A U Z L O X R O E R
S S G C H H E R R P O O C N I O
E G D Y Q C M P I J I P U G F C
P V G S Y T S G K N S F S I L P
T A M B O E R I J N E G S T U V
O N A I P P H O B O H T I A I T
G T L K G M B B C O C I E A T C
A U I E N O B M O R T C E R W B
F W H M A R I M B A V N I A W J
W I F A Y T I R M X U I H X E O
S S G Z R G K D N O O F O X A S
B A N J O P S N Z L E M M O R T
Z M O N D H A R M O N I C A L B
V P G T M A N D O L I N E Z F J
```

| | |
|---|---|
| BANJO | MARIMBA |
| FAGOT | PERCUSSIE |
| KLARINET | PIANO |
| FLUIT | SAXOFOON |
| GONG | TROMMEL |
| GITAAR | TAMBOERIJN |
| MONDHARMONICA | TROMBONE |
| HARP | TROMPET |
| HOBO | VIOOL |
| MANDOLINE | CELLO |

# 6 - Échecs

```
H  Q  Z  D  J  B  M  S  J  N  N  B  F  S  K  R
C  D  E  Q  X  I  T  T  Z  T  T  M  J  P  A  E
U  U  S  S  H  L  U  R  V  W  U  Z  H  E  M  G
I  I  N  K  H  A  D  A  Z  O  A  R  B  L  P  L
R  T  T  I  W  A  Q  T  P  U  C  R  F  E  I  E
U  E  S  D  K  N  J  E  H  A  M  J  T  R  O  M
U  G  L  V  A  O  K  G  V  V  S  V  X  K  E  E
X  E  I  N  I  G  N  I  N  O  K  S  G  L  N  N
T  N  M  U  S  A  I  E  X  U  O  K  I  U  H  T
I  S  T  H  W  I  O  N  E  T  N  U  P  E  W  M
J  T  T  O  U  D  K  E  G  F  K  X  O  B  F  C
D  A  J  X  V  T  O  R  P  E  P  Y  N  N  Z  U
M  N  I  T  I  C  N  E  Q  C  N  A  V  P  X  D
H  D  Z  C  D  E  I  L  E  P  S  B  U  O  Q  K
D  E  V  W  H  V  N  W  E  D  S  T  R  I  J  D
N  R  E  F  F  O  G  T  O  E  R  N  O  O  I  I
```

| | |
|---|---|
| TEGENSTANDER | ZWART |
| LEREN | PASSIEF |
| WIT | PUNTEN |
| KAMPIOEN | KONINGIN |
| WEDSTRIJD | REGLEMENT |
| UITDAGINGEN | KONING |
| DIAGONAAL | OFFER |
| SLIM | STRATEGIE |
| SPEL | TIJD |
| SPELER | TOERNOOI |

# 7 - Herboristerie

```
U F I K C K Y V N S H D Y L V K
R K Q N S X L N O G A R D O O N
B V X Z G E H M T O U K V E B O
R S Y K D R X E I O R G Q A H F
W T N U M T E R J G I D M U M L
Z J I T U I N D M Q L M E L U O
L A V E N D E L I M E A O L C O
N I Z K T R U E F Ë J R L E I K
U A Q N Q I T H V B N T B K L G
I I U S S M L N B U M T K N I G
Q P X J S R I A N I L U C E S R
S M A A K W U O W J S M G V A O
S A F F R A A N E K N O Z N B E
A R O M A T I S C H Q S F H F N
T Z M B M U C M A R J O L E I N
M W P E T E R S E L I E T D I W
```

KNOFLOOK
AROMATISCH
BASILICUM
VOORDELIG
CULINAIR
DRAGON
VENKEL
BLOEM
INGREDIËNT
TUIN

LAVENDEL
MARJOLEIN
MUNT
PETERSELIE
KWALITEIT
SAFFRAAN
SMAAK
TIJM
GROEN

# 8 - Véhicules

```
T  H  S  O  E  W  U  I  Z  V  G  W  J  W  V  X
A  R  C  S  B  L  A  N  R  S  J  T  I  P  L  Y
X  Y  O  I  G  H  P  J  R  V  G  L  O  B  I  Z
I  U  O  P  V  W  S  M  L  V  Q  C  J  P  E  W
C  N  T  O  R  E  T  P  O  K  I  L  E  H  G  M
U  G  E  T  N  C  E  L  T  T  U  H  S  F  T  E
U  S  R  T  N  A  Q  R  R  J  R  W  Y  R  U  W
E  I  U  A  J  R  K  J  B  D  V  A  Y  Ë  I  F
R  F  K  U  M  A  O  N  U  O  Z  Y  K  E  G  C
G  I  A  C  H  V  G  T  E  T  O  R  T  E  M  B
Y  E  L  J  E  A  P  Z  C  U  G  T  S  Z  T  Y
U  T  L  H  B  N  E  D  N  A  B  F  S  R  O  K
Y  S  N  M  O  T  O  R  R  M  R  R  B  E  L  I
V  R  A  C  H  T  A  U  T  O  G  T  O  D  V  O
X  B  U  S  Z  Z  V  V  T  E  B  G  O  N  J  Y
A  M  B  U  L  A  N  C  E  Z  R  U  T  O  D  D
```

| | |
|---|---|
| AMBULANCE | MOTOR |
| VLIEGTUIG | SHUTTLE |
| BOOT | BANDEN |
| BUS | VLOT |
| VRACHTAUTO | SCOOTER |
| CARAVAN | ONDERZEEËR |
| VEERBOOT | TAXI |
| RAKET | TRACTOR |
| HELIKOPTER | FIETS |
| METRO | AUTO |

# 9 - Camping

```
G D K U M Z Z D J C M X H Y A S
L A A J T K N A A M F D B U P Z
I Q N L M E E R V B F F E D P S
U Y O Y R N K U A R N T R A A K
J A C H T I O U T A M Y G K R U
Q C W H T B M T E N T L Z S A I
Y L W Y N A P A N D H N Z L T S
M E O O X C A N T E S W A K U S
T O U W A E S K U O Z F S L U Z
H A I N S E C T Q H N C P J R L
U X M Z O F J H N D H J W G C A
M T E G B W F T Z P I Y V J Y R
S Q Y E N H Q B C Q A E O X B C
G W H Q K A J S S N W O R K K Y
M F J T Y B H Y B S S K L E G X
A V O N T U U R P C D F N A N M
```

| | |
|---|---|
| DIEREN | BRAND |
| AVONTUUR | BOS |
| KOMPAS | HANGMAT |
| CABINE | INSECT |
| KANO | MEER |
| KAART | LANTAARN |
| HOED | MAAN |
| JACHT | BERG |
| TOUW | NATUUR |
| APPARATUUR | TENT |

# 10 - Géométrie

```
D T Q S Z S V J T G D T B M V M
J R E T E M A I D N I L E L V S
X I I N X G O C W I M L R F U W
V J R E L S O N W K E N E N B J
O L O M H D Y K B J N U K E O H
O J E G B O E M V I S M E I M Y
O F H E D X E E M L I M N N N O
Y J T S K U B K C E E E I A X P
P R O P O R T I E G T R N A P P
P A R A L L E L V R O R G I L E
D Z A K V N Z M R E G U I D O R
V A M M B O G B U V M T J E G V
H O O G T E V B C D Q D A M I L
M A S S A B X C V D P T X R C A
V E R T I C A A L I Y T H J A K
D Y K C R L H J C I R K E L C Z
```

| | |
|---|---|
| HOEK | MEDIAAN |
| BEREKENING | NUMMER |
| CIRKEL | PARALLEL |
| CURVE | PROPORTIE |
| DIAMETER | SEGMENT |
| DIMENSIE | OPPERVLAK |
| VERGELIJKING | SYMMETRIE |
| HOOGTE | THEORIE |
| LOGICA | DRIEHOEK |
| MASSA | VERTICAAL |

# 11 - Les Médias

```
I  G  U  W  J  D  M  M  T  M  V  C  I  I  T  D
F  N  R  A  D  I  O  U  H  G  W  O  N  N  Y  I
A  I  D  K  R  A  N  T  E  N  R  M  D  T  I  G
T  N  E  U  W  F  T  F  H  E  T  M  I  E  E  I
E  E  I  G  S  O  F  V  G  T  K  E  V  L  D  T
L  M  T  Q  O  T  N  K  U  I  R  R  I  L  E  A
E  B  A  I  F  N  R  L  H  E  E  C  D  E  D  A
V  K  C  S  L  D  D  I  I  F  W  I  U  C  I  L
I  E  I  A  V  X  I  E  E  N  T  E  E  T  T  M
S  G  N  I  D  U  O  H  R  E  E  E  E  U  I  F
I  G  U  L  O  K  A  A  L  W  N  L  L  E  E  N
E  K  M  P  U  B  L  I  E  K  I  B  I  E  L  X
P  B  M  T  O  K  T  S  G  Z  H  J  W  L  V  L
T  F  O  T  O  S  S  T  G  I  M  Z  S  J  M  I
C  P  C  F  I  N  A  N  C  I  E  R  I  N  G  G
R  A  T  U  J  S  J  V  D  A  V  Z  R  B  L  B
```

| | |
|---|---|
| HOUDING | INTELLECTUEEL |
| COMMERCIEEL | KRANTEN |
| COMMUNICATIE | LOKAAL |
| ONLINE | DIGITAAL |
| EDITIE | MENING |
| ONDERWIJS | FOTO'S |
| FEITEN | PUBLIEK |
| FINANCIERING | RADIO |
| INDIVIDUEEL | NETWERK |
| INDUSTRIE | TELEVISIE |

# 12 - Diplomatie

```
V L R D K E N B Z H A P B E C R
E L E I I B D E S U D P S T O E
R F S S K C K D D M V U R H N G
D Z O C E I A G R A I B E I F E
R G L U A I C S C N S L T E L R
A D U S P C T D D I E S K K I I
G C T S A W I N K T U Z A C N
Q U I I H X E A M A R I Z B T G
B P E E C Q T L M I R A M N M K
O P L O S S I N G R Q Q N S B A
R H M X N W R E B U R G E R S W
Q W K L E G G T P O L I T I E K
G P K C E K E I T A M O L P I D
Z B I C M W T U G J T W K T E L
K M C P E U N B N H H N A S R Z
U T P O G N I K R E W N E M A S
```

AMBASSADE
BURGERS
GEMEENSCHAP
CONFLICT
ADVISEUR
SAMENWERKING
DIPLOMATIEK
DISCUSSIE
ETHIEK

BUITENLANDS
REGERING
HUMANITAIR
INTEGRITEIT
POLITIEK
RESOLUTIE
OPLOSSING
VERDRAG

# 13 - Astronomie

```
A D O F Y W S M U S R E V I N U
S G J U J N O U E D R A A Q C V
T N L I N L M S P T D V F F M E
E I E B A L S K H E E H E W U R
R L M V I F O E Y N R O B S I D
O A E H E N K U M N X N O J R U
Ï R H N N L Y D W O P B O R O I
D T E K A R M P W Z F M X V T S
E S S T E R R E N B E E L D A T
R G Z Z B A S T R O N O O M V E
E Q U I N O X M P N S C S X R R
T E I L L E T A S E T L G X E I
K F E K C B A A T I D V C X S N
N R A X Q T X N G S M Q S K B G
P F P L A N E E T Q P L O F O P
A S T R O N A U T T Y L A Z Y S
```

| | |
|---|---|
| ASTEROÏDE | METEOOR |
| ASTRONAUT | NEVEL |
| ASTRONOOM | OBSERVATORIUM |
| HEMEL | PLANEET |
| STERRENBEELD | STRALING |
| KOSMOS | SATELLIET |
| VERDUISTERING | ZONNE |
| EQUINOX | SUPERNOVA |
| RAKET | AARDE |
| MAAN | UNIVERSUM |

# 14 - Physique

```
N K E I T N E U Q E R F N Y M Z
U F L E E S R E V I N U K O O W
C P E C H E M I S C H C N K L A
L W K Y S N E L H E I D Y M E A
E O T I E T I V I T A L E R C R
A D R M J G Z A U T G I H I U T
I I O F A C I N A H C E M M U E
R C N P O G D E E L T J E C L K
D H A B F R N S J V N O Z H Y R
L T P D A J M E C I Q J I A G A
P H S M T P M U T C A C O O A C
K E B O O O Q P L I S J C S S H
Q I B O E T T W Z E S Q X O K T
O D V T C F O T P V A M D V E B
P H M A W I W R B B M K E L A W
V E R S N E L L I N G Q J L X Z
```

VERSNELLING       MAGNETISME
ATOOM               MASSA
CHAOS               MECHANICA
CHEMISCH          MOLECUUL
DICHTHEID         MOTOR
ELEKTRON          NUCLEAIR
FORMULE           DEELTJE
FREQUENTIE      RELATIVITEIT
GAS                 UNIVERSEEL
ZWAARTEKRACHT   SNELHEID

# 15 - Types de Cheveux

```
K O R T R A W Z G O N W O Z S G
S M V A I L V K E S F S A D D L
D R O O G B Y S K J Y G D Q L I
N N E L L U R K L W B G N I V M
E I O T P Q K C E O X A O G K M
L U D Z N C T L U D V J L S J E
L R D T E R M I R W Z X B J K N
U B S Y T G G D D W Z B X N U D
R S F M H P O J Y T A H X X Z H
K Z I N C N L G E C C X L A N G
Y I H F O F V E R K H N W T Z U
B L O Q L P E L O I T Q I P D K
A V G K V A N Z R E J Z T R J N
F E R A E F D S F Q I S U L A Y
O R A A G N A K X S F H N C U F
X M B L Q B Q R A P H Z T F N D
```

| | |
|---|---|
| ZILVER | KRULLEND |
| WIT | GRIJS |
| BLOND | LANG |
| KRULLEN | BRUIN |
| GLIMMEND | DUN |
| KAAL | ZWART |
| GEKLEURD | GOLVEND |
| KORT | GEZOND |
| ZACHT | DROOG |
| DIK | GEVLOCHTEN |

# 16 - Archéologie

```
B M A E T T Q M O R O O N V A P
A E Y K F M A X U E N N A E N R
O A S S T F X A D L D B K R A O
G M R C T B L M H I E E O G L F
Q A X D H E Y H E K R K M E Y E
X V B W E A R O I W Z E E T S S
R C Q C E W V I D I O N L E E S
L L D U V E E I E E E D I N E O
Y E N R N V I R N M K F N B Z R
T I Y T E K T B K G E Q G W U E
D S P T T F A R G R R D R G L T
W S U R C C U G M B T T L G U V
B O T T E N L E P M E T I U G L
J F K J J D A C H X P E F T F R
A J S V B C V T I J D P E R K W
H C M J O F E G I D N U K S E D
```

ANALYSE
OUDHEID
ONDERZOEKER
BESCHAVING
NAKOMELING
DESKUNDIGE
TIJDPERK
TEAM
EVALUATIE
FOSSIEL

ONBEKEND
MYSTERIE
OBJECTEN
BOTTEN
VERGETEN
AARDEWERK
PROFESSOR
RELIKWIE
TEMPEL
GRAF

# 17 - Mammifères

```
J L C N W U W Z G V Z X U Y M V
K B E Q D J A G D A Z S Q Q C W
Z W U E T F L F Y S J I D H N B
T A X S U G V Q W N D Q D Y Z W
V Z W U J W I F M B E E R I K S
G G C H K U S O V K O N I J N T
L F I Q M V T Y Z G B N T Q B I
E U S R T K A N G O E R O E X E
Q I R E A O L I F A N T X T N R
F U S G K F G O R I L L A O I Q
J P D J I U W O L F C W U Y A K
U H W I F P K S C H A A P O P P
U F O T Z E B R A F X D C C T D
I P U N P A A R D B V S G X X C
M Y K N D X D O L F I J N U D U
A A P M K E P A U C H Q U M C M
```

| | |
|---|---|
| WALVIS | KONIJN |
| KAT | LEEUW |
| PAARD | WOLF |
| HOND | SCHAAP |
| COYOTE | BEER |
| DOLFIJN | VOS |
| OLIFANT | AAP |
| GIRAF | STIER |
| GORILLA | TIJGER |
| KANGOEROE | ZEBRA |

# 18 - Chocolat

```
C E A H C S I T O X E F A X P H
K A Q L A A N A S I T R A M C E
J I L Z T B T O O N S O K O K E
C E E O S O N R E K I U S A W R
Q A M O R A D D B P Z X W C F L
K A A M S I B I T T E R L A J I
F W R Y A M E B L X X G Z C L J
A N A R D E N Ë S Z U Z Q E I K
V O K L N B M E N P O E D E R K
O H P S I I N G R E D I Ë N T T
R N D I P T N A D I X O I T N A
I L K Y Z N E Z O E T B D T G U
E R E C E P T I C A R W T X G I
T C J L D I B Q T K R B G C W K
Y E G I O Q M N H T D Q N K F H
R N X X P W H I I B Z V T C H S
```

BITTER
ANTIOXIDANT
AROMA
ARTISANAAL
SNOEP
PINDA'S
CACAO
CALORIEËN
KARAMEL
HEERLIJK

ZOET
EXOTISCH
FAVORIET
SMAAK
INGREDIËNT
KOKOSNOOT
POEDER
KWALITEIT
RECEPT
SUIKER

# 19 - Mathématiques

```
S D H V Y P T D V I A V I U F J
Y F R D W Z S S U I L A A R T S
M O S I S M F N E D E J H K Y P
M R Z G E X N Z C E L R W S V G
E P E V A H D I A C L G K N K
T O J K X C O X X I A E V A E R
R H I M E A Y E I M R O E Z N M
I T Z N X N H A K A A M E P E T
E N X N K K P M A P E L E K S
O M T R E K T U Q L E T H S E F
D I A M E T E R N X S R O A O R
L O O D R E C H T D H I E O H A
O V O L U M E U K N I E K Z S C
B N A G N I K J I L E G R E V T
E X P O N E N T V K A I Z B J I
R E C H T H O E K O B D T D D E
```

HOEKEN             PARALLEL
REKENKUNDIG        LOODRECHT
VIERKANT           VEELHOEK
OMTREK             STRAAL
DECIMAAL           RECHTHOEK
DIAMETER           SOM
EXPONENT           BOL
VERGELIJKING       SYMMETRIE
FRACTIE            DRIEHOEK
GEOMETRIE          VOLUME

# 20 - Mythologie

```
K N G L M E C R E A T I E L Q K
R D O E A D P L C O U Y Z B P R
I D T G G Z J Y S U S E F D E A
J K C E I A D H T N L U F X R C
G N M N S K O O E E W T C L A H
E F I D C L O V R G H A U H M T
R Y N E H O L W F N J C R U P M
G E D R A G H W E I A O R G R C
W W F Z N N O E L G L Y E A E H
B V F J W M F Z I I O L D G T J
S L H B A L X E J U E C N F S A
P N I D L E H N K T Z Z O N N M
I B I K P P D D F R I Y D O O K
Y O B P S E W G W E E C Q J M F
H E L D K E G B J V U Q Z C D D
E C R O N Q M T T O W R A A K X
```

ARCHETYPE        HELDIN
RAMP             HELD
GEDRAG           JALOEZIE
CREATIE          DOOLHOF
WEZEN            LEGENDE
OVERTUIGINGEN    MAGISCH
CULTUUR          MONSTER
BLIKSEM          STERFELIJK
KRACHT           DONDER
KRIJGER          WRAAK

# 21 - Restaurant #2

```
U G S K N A R D S S X H G W D E
Q Q T T H O I Q O G Z E R Q W I
V P O V L L E F E M X E O L B E
S A E U Q F O D P Y X R E B O R
J P L J H Y V L E P E L N B A E
I F E D F I S K U L M I T S F N
A R D C W A T E R N S J E R M V
G U A P E K H Z M G C K R O V P
M I L H K R S A K J K H A J N C
G T A W P O I J H M C L C G Q R
U L S T D S V J U P G G S I U A
G T M B I C D A E L M O B M O B
Z O U T N Q G E Q N C A K E K U
D Y P G E U O P H F B A G G L E
N Q L S R S S R C A E F Y K P A
R G Y A D U J O W N V S F F O F
```

DRANK            CAKE
STOEL            IJS
LEPEL            GROENTE
LUNCH            NOEDELS
HEERLIJK         EIEREN
DINER            VIS
WATER            SALADE
SPECERIJEN       ZOUT
VORK             OBER
FRUIT            SOEP

# 22 - Beauté

```
D  L  C  M  X  Y  N  M  W  Q  X  G  N  H  F  D
Q  W  S  X  P  J  Z  B  A  M  M  C  P  P  O  V
C  O  S  M  E  T  I  C  A  S  U  D  N  P  T  C
D  I  E  N  S  T  E  N  I  G  C  O  J  P  O  A
O  C  L  Ë  C  H  A  R  M  E  A  A  W  U  G  S
J  F  U  I  O  E  L  E  G  A  N  T  R  H  E  H
G  Z  A  L  E  X  E  I  T  P  E  F  U  A  N  A
J  E  L  O  G  E  G  T  A  H  N  I  E  D  I  M
G  E  N  A  D  E  E  N  K  P  N  T  L  R  E  P
G  K  X  P  X  E  I  A  Y  L  I  S  K  W  K  O
E  E  R  N  S  G  P  G  M  H  Z  N  L  H  K  O
Y  D  U  U  M  Z  S  E  V  D  R  E  P  A  I  N
T  F  G  R  L  D  E  L  B  H  E  P  H  W  R  D
R  Q  N  H  U  L  O  E  J  V  V  P  X  I  X  W
S  C  H  A  A  R  E  W  G  T  S  I  L  I  T  S
A  X  H  H  U  I  D  N  E  N  Q  L  G  L  A  D
```

| | |
|---|---|
| KRULLEN | VERZINNEN |
| CHARME | MASCARA |
| SCHAAR | SPIEGEL |
| COSMETICA | GEUR |
| KLEUR | HUID |
| ELEGANTIE | FOTOGENIEK |
| ELEGANT | LIPPENSTIFT |
| GENADE | DIENSTEN |
| OLIËN | SHAMPOO |
| GLAD | STILIST |

# 23 - Avions

```
G E S C H I E D E N I S H U P B
P A F D A L I N G E W D E B R E
S A Z B W O K A O D P R M H O M
B B S J M W B I Y N C S E R P A
F O T S R E T A W A S H L U E N
V O H T A P O B G L N O J U L N
F E L E T G O O H W A E M T L I
H W Z S C R I R O T O M G N E N
B F T G F H N E Z A L B P O R G
B A L L O N Z E R Q R K T V S E
I O B A Y W C F O T S D N A R B
J O O Q C I O S T U O L U C H T
J T U F G L G O T D Z O Z P A G
E Y W F F R O M F C G B L Z T D
M U G N O N H T R I C H T I N G
T U W V J L H A T L F V S W P B
```

LUCHT
ATMOSFEER
LANDEN
AVONTUUR
BALLON
BRANDSTOF
HEMEL
BOUW
AFDALING
RICHTING

BEMANNING
OPBLAZEN
HOOGTE
PROPELLERS
GESCHIEDENIS
WATERSTOF
MOTOR
PASSAGIER
PILOOT

# 24 - Aventure

```
O A G Y G F R E N N M G R E K D
N V R E U G D E I A O N E B Z N
G D J S L Z O P E T E I I J V E
E I S R U C X E U U I M Z H I S
W E V K Y J W F W U L M E A I S
O H B B C A M I R R I E N M P A
O N R E I S P L A N J T M O Q R
N O J S B S U A O O K S N E D R
B O D U G Y R Z P Q H E J D C E
D H V G N I D I E R E B R O O V
T C F Q J J T I E T I V I T C A
K S N A K H D R A J D N Y O G D
Z I C N D U V E I L I G H E I D
U I T D A G I N G E N Y W B T X
E N T H O U S I A S M E M A P H
N A V I G A T I E X K N R W W E
```

ACTIVITEIT
SCHOONHEID
MOED
KANS
BESTEMMING
UITDAGINGEN
MOEILIJKHEID
ENTHOUSIASME
EXCURSIE
ONGEWOON

REISPLAN
VREUGDE
NATUUR
NAVIGATIE
NIEUW
VOORBEREIDING
VEILIGHEID
VERRASSEND
REIZEN

# 25 - Ville

```
G H I S O B T H E A T E R A A D
N A C M H J I A W B K F N P B I
I M L U H I U B N S R K B O G E
W X D E O X D G L T A I N T T R
S Z B S R Q B Y B I M X E H K E
F B O U C I P D I E O C V E R N
R H C M B E J Y O T R T A E A T
S C H O O L Q M S I E S H K M U
S T A D I O N X C S S I T E R I
B A K K E R I J O R T M H I E N
Y I T K B D J Z O E A E C N P K
D V P K D A V Z P V U O U I U N
G E H O T E L Y X I R L L L S A
Z V I T U S C L H N A B M K O B
V M X S Z R L H M U N O J S V E
B O E K H A N D E L T J Z H Y G
```

| | |
|---|---|
| LUCHTHAVEN | BOEKHANDEL |
| BANK | MARKT |
| BIBLIOTHEEK | MUSEUM |
| BAKKERIJ | APOTHEEK |
| BIOSCOOP | RESTAURANT |
| KLINIEK | STADION |
| SCHOOL | SUPERMARKT |
| BLOEMIST | THEATER |
| GALERIJ | UNIVERSITEIT |
| HOTEL | DIERENTUIN |

# 26 - Ingénierie

```
Y N D S S H S M F R L H M G B T
G N I W U T S T R O O V J G I Q
B D A F K D R E T E M A I D D M
E I G S T A B I L I T E I T D A
R S R H V W U G N I T E M Q S C
E T A L W T L R B M Y M F E Y H
K R M X D W U E B X G A O E W I
E I N B L V K N T O H F T T R N
N B R Y A C R E M F U G S P O E
I U Z J Q W A E Q Q J W I E Y R
N T N E A M C D F L E S E I D S
G I X H B P H K P N D M O D K M
C E N Z I L T I X Z X X L Z F H
J R O T A T I E N O W J V Z H O
V E R S N E L L I N G E N A S E
D F S P T G S T R U C T U U R K
```

HOEK
AS
BEREKENING
BOUW
DIAGRAM
DIAMETER
DIESEL
DISTRIBUTIE
VERSNELLINGEN
ENERGIE

KRACHT
VLOEISTOF
MACHINE
METING
MOTOR
DIEPTE
VOORTSTUWING
ROTATIE
STABILITEIT
STRUCTUUR

# 27 - Énergie

```
B R A N D S T O F N O I H W W J
F O T S L O O K T H Y N I A B U
H M H F O T O N O Z Q D T T P R
N G L E S E I D N I W U O E O D
H E B N R E E T J E O S H R S C
P V L I F N N G J Z W T B S N E
P I A Z K N I T Y H L R A T B L
D N X N Q U B E R S U I L O E E
B G J E J C R T U O X E S F L K
U S T B L L U M Y W P Z J F E T
Y Z V E S E T R X Q B I R L K R
K G Q B J A J A V D S A E H T I
M O T O R I A W L Q R J A A R S
Y V W F E R N C P C O F T R O C
S P W N L U K J C D E Q I Y N H
J X T P G N I L I U V R E V R V
```

ACCU
KOOLSTOF
BRANDSTOF
WARMTE
DIESEL
ENTROPIE
OMGEVING
BENZINE
ELEKTRISCH
ELEKTRON

WATERSTOF
INDUSTRIE
MOTOR
NUCLEAIR
FOTON
VERVUILING
HERNIEUWBAAR
ZON
TURBINE
WIND

# 28 - Cuisine

```
D S N V T L L N Z T B S V K I E
L N E K O E L K A S T E O U Y E
I O K R O V E N I O O O E U S T
Q P R T V N Q A M J P L D W H S
N S O P L E K E T E L G S C T T
A N V H T S T G R I L L E X G O
L E P E L S Y Z A X E K L F T K
O H U D V E K O M K P D R Q E J
A L C G T M T B O T E F F U A E
G L V R I E Z E R J L T W V I S
S P E C E R I J E N L S W Q C K
E Q T B O X M X K C O I L Z T N
J N A H X F C E Y T P E C E R K
H Z N J Q O W S C H O R T Q I F
L D O N H N V G W Z X W U U X J
S M C E V W V E V C Z V K R N L
```

| | |
|---|---|
| EETSTOKJES | VORKEN |
| KOM | GRILL |
| KETEL | POLLEPEL |
| VRIEZER | VOEDSEL |
| MESSEN | POT |
| KRUIK | RECEPT |
| LEPELS | KOELKAST |
| SPECERIJEN | SERVET |
| SPONS | SCHORT |
| OVEN | CUP |

# 29 - Corps Humain

```
Y  B  F  R  C  Y  K  R  L  T  J  R  H  H  H  H
S  C  H  O  U  D  E  R  E  I  F  G  A  L  E  K
O  X  Z  U  Q  E  M  Y  K  Q  P  B  R  C  R  Y
X  C  A  O  H  O  V  D  N  A  H  P  T  D  S  C
R  Y  S  Q  D  L  H  I  E  K  B  O  E  D  E  H
A  U  P  W  E  B  T  U  S  Q  R  I  Y  N  N  O
V  X  E  N  E  U  S  H  R  G  F  P  B  O  E  O
C  W  L  U  Q  G  M  M  D  K  P  I  Q  M  N  F
R  K  L  N  I  K  A  A  K  W  F  E  V  Q  W  D
W  I  E  W  X  E  H  A  O  T  H  C  I  Z  E  G
I  A  B  L  Y  N  B  D  M  Q  I  V  N  A  V  O
X  A  O  N  A  E  X  W  B  K  A  A  G  Y  I  P
U  N  O  F  T  V  U  T  M  A  N  Z  E  K  O  L
F  F  G  I  F  V  O  O  R  E  S  I  R  I  M  Q
P  U  X  J  E  C  O  I  I  H  S  U  E  T  I  A
Q  P  T  N  X  I  V  R  G  I  X  M  V  F  U  S
```

| | |
|---|---|
| MOND | LIPPEN |
| HERSENEN | HAND |
| ENKEL | KAAK |
| NEK | KIN |
| ELLEBOOG | NEUS |
| HART | OOR |
| VINGER | HUID |
| MAAG | BLOED |
| SCHOUDER | HOOFD |
| KNIE | GEZICHT |

# 30 - Biologie

```
L  B  U  M  X  E  J  A  J  O  C  E  A  N  H  B
Y  E  F  Z  J  O  N  U  Z  J  G  V  I  A  O  A
O  V  C  C  H  Y  G  Z  Z  Z  C  O  P  T  R  C
U  G  O  H  Q  R  Y  G  Y  J  W  L  M  U  M  T
L  X  L  E  C  B  F  D  W  M  Y  U  U  U  O  E
S  A  L  S  Y  M  B  I  O  S  E  T  T  R  O  R
I  G  A  A  N  E  U  R  O  N  R  I  A  L  N  I
G  Z  G  I  N  B  B  N  X  M  L  E  T  I  J  Ë
P  X  E  I  W  A  P  B  N  K  X  I  J  M  N
Q  Q  E  E  Z  W  T  G  X  M  D  B  E  K  B  K
D  B  N  H  G  I  C  O  G  X  P  V  X  P  Q  O
O  S  M  O  S  E  J  N  M  S  I  G  Z  O  T  L
R  E  P  T  I  E  L  Z  Y  I  S  Z  E  N  U  W
C  H  R  O  M  O  S  O  O  M  E  O  J  A  Q  I
Z  O  O  G  D  I  E  R  P  Z  O  L  M  Z  W  M
S  Y  N  A  P  S  R  O  E  I  W  I  T  Q  X  F
```

ANATOMIE
BACTERIËN
CEL
CHROMOSOOM
COLLAGEEN
EMBRYO
ENZYM
EVOLUTIE
HORMOON
ZOOGDIER

MUTATIE
NATUURLIJK
ZENUW
NEURON
OSMOSE
EIWIT
REPTIEL
SYMBIOSE
SYNAPS

# 31 - Épices

```
S  U  V  Z  N  O  O  T  M  U  S  K  A  A  T  O
S  M  I  M  O  M  E  D  R  A  K  Q  M  E  S  M
R  K  A  M  L  U  K  S  A  O  L  Q  L  M  K  B
Q  E  Y  A  E  U  T  S  X  N  J  I  M  O  K  V
T  T  T  U  K  D  D  X  O  A  I  K  M  S  X  K
F  C  C  Z  N  D  R  Y  S  A  W  J  A  Z  I  O
U  J  I  X  E  K  O  E  H  R  V  L  S  P  B  R
N  R  A  B  V  V  P  M  D  F  A  W  M  A  Y  I
Z  U  U  R  B  U  I  R  N  F  N  O  B  P  V  A
N  T  R  E  T  T  I  B  U  A  I  Q  V  R  G  N
F  Y  P  P  X  L  N  M  G  S  L  G  O  I  E  D
B  J  L  E  K  E  R  R  I  E  L  I  S  K  M  E
H  C  L  P  O  E  E  R  J  B  E  I  N  A  B  R
J  M  I  O  J  N  Z  T  J  O  K  S  H  O  E  H
J  Q  X  V  G  A  H  O  W  K  I  Q  T  W  R  N
H  G  R  N  J  K  O  O  L  F  O  N  K  X  V  T
```

| | |
|---|---|
| ZUUR | GEMBER |
| KNOFLOOK | NOOTMUSKAAT |
| BITTER | UI |
| ANIJS | PAPRIKA |
| KANEEL | PEPER |
| KARDEMOM | DROP |
| KORIANDER | SAFFRAAN |
| KOMIJN | SMAAK |
| KERRIE | ZOUT |
| VENKEL | VANILLE |

# 32 - Agronomie

```
I  K  J  I  L  E  D  N  A  L  L  B  C  Z  E  Q
V  E  R  V  U  I  L  I  N  G  E  R  O  S  I  E
A  O  I  H  L  Q  D  I  I  M  S  P  S  W  G  Z
I  Z  E  T  N  E  O  R  G  E  D  R  Q  E  O  I
J  R  E  T  A  W  F  O  F  S  E  O  Q  T  L  E
D  E  E  J  E  C  Z  F  Q  T  O  D  R  E  O  K
M  D  C  N  V  A  I  W  M  G  V  U  L  N  C  T
Z  N  D  J  Y  N  E  F  V  F  Z  C  L  S  E  E
S  O  A  F  O  E  O  I  I  H  W  T  W  C  I  N
K  G  E  P  Y  M  R  L  Z  T  A  I  U  H  G  V
S  T  U  D  I  E  G  C  T  P  N  E  O  A  R  Y
T  Q  T  J  F  T  R  E  V  Q  V  E  B  P  E  A
T  R  N  X  S  S  M  J  V  I  K  F  D  P  N  V
S  J  B  R  Q  Y  W  Z  P  I  W  J  N  I  E  Z
Y  W  L  H  E  S  Q  W  P  J  N  C  A  S  I  X
D  O  M  W  R  Z  A  D  E  N  Y  G  L  Z  D  G
```

| | |
|---|---|
| LANDBOUW | IDENTIFICATIE |
| GROEI | GROENTE |
| WATER | ZIEKTEN |
| MEST | VOEDSEL |
| OMGEVING | VERVUILING |
| ECOLOGIE | PRODUCTIE |
| ENERGIE | ONDERZOEK |
| EROSIE | LANDELIJK |
| STUDIE | WETENSCHAP |
| ZADEN | SYSTEMEN |

# 33 - Science

```
G O H C N U U M D J X D T Q T R
E Q Y H E D O H T E M A J D H E
G F P E L V M C A G E Q Z M C P
E O O M U W O K Y G I L K A A P
V S T I C X O L Q E P H T H R A
E S H S E U T R U U T A N J K H
N I E C L I A C V T I E F O E C
S E S H O Z F Z P F I X P B T S
P L E U M T S Z B O S E Q S R N
L A B O R A T O R I U M I E A E
O R G A N I S M E O F J I R A T
E X P E R I M E N T G A W V W E
Q S Z O H K L I M A A T S A Z W
C R A Z U E D N U K R U U T A N
V A X Y P S N E L A R E N I M K
B I H T D D W D R A P M C E M J
```

ATOOM
CHEMISCH
KLIMAAT
GEGEVENS
EXPERIMENT
EVOLUTIE
FEIT
FOSSIEL
ZWAARTEKRACHT
HYPOTHESE

LABORATORIUM
METHODE
MINERALEN
MOLECULEN
NATUUR
OBSERVATIE
ORGANISME
DEELTJES
NATUURKUNDE
WETENSCHAPPER

# 34 - Vêtements

```
A  H  H  K  A  H  S  S  Q  M  S  M  E  N  I  S
T  B  A  D  I  V  J  C  A  M  A  J  Y  P  P  H
M  P  W  N  G  F  A  H  J  D  N  H  U  U  W  I
O  R  D  A  D  A  A  O  A  C  D  N  C  R  Q  R
D  I  H  B  E  S  L  E  S  Y  A  Z  I  L  K  T
E  E  W  M  O  K  C  N  J  E  L  Y  T  J  O  V
T  M  L  R  H  H  E  H  E  K  E  O  R  B  R  A
Y  S  N  A  F  L  V  T  O  R  N  A  O  Y  C  G
S  W  H  D  H  Y  Z  K  T  E  K  X  H  K  E  M
D  N  I  B  X  N  U  Z  Q  I  N  U  C  Z  Q  G
K  J  Z  G  B  Q  F  S  T  U  N  E  S  Q  U  N
M  K  K  N  E  T  L  P  I  R  P  G  N  K  A  Y
T  H  R  U  S  C  L  D  Y  T  O  C  R  O  H  K
N  W  J  A  S  J  E  A  N  S  N  N  N  C  L  V
B  H  W  G  E  L  B  Y  S  Z  O  R  D  B  F  D
B  L  O  U  S  E  X  T  Z  N  G  V  C  S  L  N
```

| | |
|---|---|
| ARMBAND | ROK |
| RIEM | JAS |
| HOED | MODE |
| SCHOEN | BROEK |
| SHIRT | TRUI |
| BLOUSE | PYJAMA |
| KETTING | JURK |
| SJAAL | SANDALEN |
| HANDSCHOENEN | SCHORT |
| JEANS | JASJE |

# 35 - Arts Visuels

```
P W R E E J Y U P Z D C G A H M
O A E P T Z A M O K O O Y Q M E
T B B J S O E Q R L J L O J F E
L H Y S F F Z L T E C G J I X S
O P P O C E F X R I K T R R L T
O E C K M I I K E I M A R E K E
D W T K J T L R T T V D D V R
K Q P L R C M K R I J T D L E W
P W M T S E I T R A V E T I R E
Y P E N Q P W O X W R Z M H N R
S A M E N S T E L L I N G C I K
W S L I N R L G D V V B A S S H
X A B G N E C P R R N N X P C H
Q X S P P P T V C Q A K Z G Y I
S T E N C I L S O A R A I P M O
A R C H I T E C T U U R M O M S
```

| | |
|---|---|
| ARCHITECTUUR | POTLOOD |
| KLEI | FILM |
| ARTIEST | SCHILDERIJ |
| KERAMIEK | PERSPECTIEF |
| MEESTERWERK | STENCIL |
| EZEL | PORTRET |
| WAS | AARDEWERK |
| SAMENSTELLING | PEN |
| KRIJT | VERNIS |

# 36 - Méditation

```
D A N K B A A R H E I D O O G A
V M T G N I D R A A V N A A U A
B R B K E F A Q Y Z T E Z R Q N
E C E T L I T S E N S G W Q A D
W M P D O F K Q J V V O W W E A
E J E Y E V H A C A M D N Y I C
G W R D Y D K R X N G E E S T H
I T S G N I L A H M E D A I A T
N M P N U E T E W Y G E K J V A
G U E I G H Q K M A C M Z J R V
T Z C D P R Q E R O K D A I E N
M I T U P E C M U J T K J G S K
Z E I O A D N C U C A I E L B A
Z K E H M L A A T N E M E R O L
Y O F Q H E A C A R C X P S J M
G E D A C H T E N X R W Y T Q P
```

AANVAARDING        BEWEGING
AANDACHT           MUZIEK
KALM               NATUUR
HELDERHEID         OBSERVATIE
MEDEDOGEN          VREDE
GEEST              GEDACHTEN
EMOTIES            PERSPECTIEF
WAKKER             HOUDING
DANKBAARHEID       ADEMHALING
MENTAAL            STILTE

# 37 - Littérature

```
F  I  C  T  I  E  Y  A  L  M  B  R  A  A  O  F
Y  S  P  T  R  A  G  E  D  I  E  I  N  U  M  D
I  K  B  P  L  R  M  B  W  Z  T  J  A  T  S  T
A  N  A  L  O  G  I  E  W  U  V  M  L  E  C  P
V  E  R  G  E  L  I  J  K  I  N  G  Y  U  H  O
T  H  E  M  A  R  O  M  A  N  R  K  S  R  R  Ë
G  E  D  I  C  H  T  C  Z  S  L  I  E  X  I  T
J  I  T  R  B  K  B  M  O  P  T  A  L  Q  J  I
E  F  C  O  N  B  S  J  G  N  D  I  D  R  V  S
T  A  M  O  D  B  W  M  J  K  C  Y  J  I  I  C
C  R  S  F  A  K  X  V  G  R  P  L  F  L  N  H
V  G  Z  A  R  C  E  M  F  I  W  L  U  C  G  U
M  O  I  T  R  J  W  N  R  T  M  C  L  S  R  O
Q  I  L  E  A  N  Y  S  A  M  N  E  I  K  I  Z
K  B  X  M  B  R  E  L  L  E  T  R  E  V  L  E
V  M  F  H  D  I  A  L  O  O  G  O  I  E  C  Q
```

| | |
|---|---|
| ANALOGIE | METAFOOR |
| ANALYSE | VERTELLER |
| ANEKDOTE | GEDICHT |
| AUTEUR | POËTISCH |
| BIOGRAFIE | RIJM |
| VERGELIJKING | ROMAN |
| CONCLUSIE | RITME |
| OMSCHRIJVING | STIJL |
| DIALOOG | THEMA |
| FICTIE | TRAGEDIE |

# 38 - Nourriture #1

```
T  K  O  F  F  I  E  I  K  N  O  F  L  O  O  K
S  O  W  F  M  U  C  I  L  I  S  A  B  X  E  N
R  U  N  E  O  R  T  I  C  Z  O  U  T  I  Z  N
E  W  A  I  A  W  E  L  Z  B  L  M  W  K  N  I
G  Y  R  B  J  A  W  Y  Y  J  Z  Z  S  H  C  A
I  L  B  B  Y  N  V  X  K  Z  T  A  O  D  W  R
K  E  D  F  X  R  L  T  S  Z  P  O  E  A  Z  A
Q  U  B  N  X  H  E  X  I  V  K  V  P  G  E  A
A  V  R  D  J  A  E  D  C  Y  Z  O  J  K  T  P
Q  N  W  M  R  L  S  R  L  E  T  R  O  W  U  P
G  S  P  I  N  A  Z  I  E  G  H  E  S  M  N  V
Z  R  A  H  T  Y  A  G  E  E  Y  E  U  W  Z  F
L  I  S  Q  P  Y  I  Z  N  H  P  D  R  Z  L  B
M  G  B  U  V  K  W  I  A  Y  A  D  V  U  P  H
C  E  C  S  J  Y  O  H  K  L  E  M  G  I  M  N
S  A  L  A  D  E  S  U  I  K  E  R  N  Y  L  H
```

| | |
|---|---|
| KNOFLOOK | RAAP |
| BASILICUM | UI |
| KOFFIE | GERST |
| KANEEL | PEER |
| WORTEL | SALADE |
| CITROEN | ZOUT |
| SPINAZIE | SOEP |
| AARDBEI | SUIKER |
| SAP | TONIJN |
| MELK | VLEES |

# 39 - Jours et Mois

```
V M D N A A M L R X J X N P Z N
A A O O K M A A R T C U B B O O
P A N F E B R U A R I S N S N V
R N D B E E I D D E E Q B I D E
I D E W W O H Q Q B J A Z I A M
L A R U U W J K H O I Q G R G B
T G D K R J S Z A T E R D A G E
F A A E J A U E E K D O I U D R
R D G H O T T N P O B Q Z N I E
X S J Q G M S J P T W U W A N D
M N X U T I U Y B X E L O J S N
Y E H U L Q G J M P W M P E D E
T O O Z C I U I I O T O B C A L
Q W D B T G A D J I R V K E G A
Y S G Q B A U H W S D V Q E R K
M X C A D G C B Y X A K P K S O
```

AUGUSTUS

APRIL

KALENDER

ZONDAG

FEBRUARI

JANUARI

DONDERDAG

JULI

JUNI

MAANDAG

DINSDAG

MAART

WOENSDAG

MAAND

NOVEMBER

OKTOBER

ZATERDAG

WEEK

SEPTEMBER

VRIJDAG

# 40 - Entreprise

```
W  I  B  E  D  R  I  J  F  W  M  F  S  F  K  N
I  E  R  È  I  R  R  A  C  G  F  M  A  D  Z  X
B  N  R  O  O  T  N  A  K  E  V  X  E  Z  K  L
E  E  K  K  F  X  U  J  B  L  N  T  C  X  I  S
G  G  W  O  N  T  K  Y  N  D  J  N  O  A  P  F
R  N  I  Y  M  E  E  I  T  C  A  S  N  A  R  T
O  I  N  Y  W  E  M  R  I  F  T  Z  O  Z  A  S
T  T  K  P  H  N  N  E  M  I  U  X  M  I  A  N
I  S  E  U  A  Z  E  V  R  N  L  H  I  O  W  I
N  A  L  N  X  Z  T  E  N  A  A  H  E  Y  S  W
G  L  I  Z  W  C  S  G  I  N  V  I  T  S  L  V
G  E  A  R  W  C  O  K  F  C  F  X  T  Y  E  O
O  B  V  B  R  E  K  R  A  I  X  T  Q  C  D  H
F  A  B  R  I  E  K  E  N  Ë  N  A  G  K  N  I
V  E  R  K  O  O  P  W  J  N  E  R  P  W  A  J
I  N  V  E  S  T  E  R  I  N  G  D  O  O  H  I
```

GELD
WINKEL
BEGROTING
KANTOOR
CARRIÈRE
KOSTEN
VALUTA
WERKGEVER
WERKNEMER
BEDRIJF

ECONOMIE
FINANCIËN
BELASTINGEN
INVESTERING
HANDELSWAAR
WINST
INKOMEN
TRANSACTIE
FABRIEK
VERKOOP

# 41 - Activités

```
L  W  T  Y  J  U  W  T  G  K  L  M  M  X  V  F
V  E  K  I  T  G  Y  A  Z  J  Z  D  A  I  R  O
A  S  Z  R  V  A  T  S  N  U  K  T  G  D  I  T
A  C  A  E  N  H  Z  N  T  D  Z  J  I  Z  J  O
R  H  S  I  N  E  C  I  I  B  E  T  E  D  E  G
D  I  Y  Z  E  N  O  F  E  Y  E  L  W  T  T  R
I  L  X  E  T  G  I  G  T  W  A  L  E  N  I  A
G  D  W  L  H  E  K  P  I  S  T  J  K  N  J  F
H  E  U  P  C  L  U  W  V  Z  J  D  C  O  D  I
E  R  C  X  A  S  T  U  I  N  I  E  R  E  N  E
I  I  V  F  B  P  P  H  T  E  Z  E  U  K  Q  K
D  J  Q  G  M  O  Y  F  C  I  I  R  K  R  T  P
K  E  I  M  A  R  E  K  A  A  U  S  R  M  M  E
X  C  C  B  K  T  A  M  C  A  J  L  G  E  M  D
S  S  K  A  M  P  E  R  E  N  G  A  M  E  S  T
G  F  F  O  J  Y  B  E  L  A  N  G  E  N  L  H
```

| | |
|---|---|
| ACTIVITEIT | GAMES |
| KUNST | LEZEN |
| AMBACHTEN | VRIJE TIJD |
| KAMPEREN | MAGIE |
| KERAMIEK | SCHILDERIJ |
| JACHT | HENGELSPORT |
| VAARDIGHEID | FOTOGRAFIE |
| NAAIEN | PLEZIER |
| BELANGEN | WANDELEN |
| TUINIEREN | |

# 42 - Mode

```
A C I T B R L E E N I G I R O R
H D D E E O Q L E K N I W U F D
S T I J L X R N D N E R T U P P
B N K G E P T D F R V F E D I E
E A A Y B R N U U A P O H N B O
S K N F A A J I U U K T U J V W
C T N V T K B Z K R R S D D U N
H N O O R T A P L A W W L N I E
E A T L O I F F E A F C E V J G
I G C K F S X R D B V C T R W N
D E M B M C U L I L K N O P K I
E L V T O H H B N A T Q C O P T
N E H E C O R Y G A R W G F G E
W L P E D E R E T T R T E M C M
M O D E R N A K A E V R W F A F
H H S A K A K O P B I H F X Q A
```

BETAALBAAR        BESCHEIDEN
WINKEL            PATROON
KNOP              ORIGINEEL
BORDUURWERK       PRAKTISCH
DUUR              EENVOUDIG
COMFORTABEL       STIJL
KANT              TREND
ELEGANT           TEXTUUR
AFMETINGEN        STOF
MODERN            KLEDING

# 43 - Fleurs

```
G B R U W O D H P Y U J B F G P
I L G E E L D I A P E G L D A A
U O T W Q I L B S I C R A N R P
H E B U Q L B I S T W E M J D A
P M P O L A Z S I I E V A I E V
A B I E E P B C E Z X A G M N E
A L O V E K K U B X O L N S I R
R A E W D T E S L F K K O A A Y
D D N K I A L T O E N H L J X P
E S R V H Z L W E I D E I D H L
B C O G C O Y N M J P N A G V Q
L O O Q R L E L I E W L E Y U U
O E S Q O F U K X F O C S V K E
E R O O S A C N V I A K G A A Z
M E O L B E N N O Z K M F P Q L
M A D E L I E F J E O S N K U A
```

BOEKET
GARDENIA
HIBISCUS
JASMIJN
NARCIS
LAVENDEL
LILA
LELIE
MAGNOLIA
MADELIEFJE

ORCHIDEE
PASSIEBLOEM
PAPAVER
BLOEMBLAD
PAARDEBLOEM
PIOENROOS
ROOS
ZONNEBLOEM
KLAVER
TULP

# 44 - Nourriture #2

```
H N W E U C X O S I K R M U M Y
T A A M O T E L E P P A I Y V A
T A M W V F D Z L Q G U E J L C
D N V I S V A Q D Z R B T K S T
E A B L R F L A E M Y E D B D T
E B J V E C O I R Y T R N X L A
A H K V K G C L I D J G O M E Z
E H M A N G O B J E F I U R D K
O B S V C B H M R P B N B N N I
Z Y H A C W C Q V O E E T U A W
P A D D E S T O E L O E H K M I
N J T A R W E T Z V O D Q P A Q
R O R Y R H W O C J J U U C W G
D Y A K T Q K T X O K I P O V H
K J N S X T R B R O C C O L I U
Z G U B N L B O D O U R K L J X
```

| | |
|---|---|
| AMANDEL | KIWI |
| AUBERGINE | MANGO |
| BANAAN | EI |
| TARWE | BROOD |
| BROCCOLI | VIS |
| KERS | APPEL |
| SELDERIJ | KIP |
| PADDESTOEL | DRUIF |
| CHOCOLADE | RIJST |
| HAM | TOMAAT |

# 45 - Algèbre

```
O  K  O  V  E  R  G  E  L  I  J  K  I  N  G  Y
N  P  L  A  S  F  I  C  T  S  F  I  L  S  B  T
U  H  L  D  M  B  E  J  C  U  H  A  M  O  P  E
M  O  C  O  K  U  N  Z  B  R  F  K  C  M  P  L
M  E  R  B  S  L  A  V  Y  K  B  S  O  T  N  U
E  V  A  L  I  S  J  B  Q  N  C  Y  P  T  O  M
R  E  D  F  A  X  I  R  T  A  M  P  S  E  G  R
M  E  I  Q  T  N  E  N  O  P  X  E  M  T  W  O
V  L  A  O  V  R  M  R  G  I  U  R  C  N  V  F
H  H  G  W  K  R  E  L  E  B  A  I  R  A  V  M
A  E  R  F  V  S  I  K  E  I  F  A  R  G  L  M
A  I  A  P  P  X  T  I  K  M  F  E  Y  W  V  F
K  D  M  G  M  I  C  B  X  E  E  N  N  U  L  Q
J  X  H  C  Z  U  A  G  I  D  N  I  E  N  O  Q
E  D  I  P  J  Q  R  M  M  E  E  L  B  O  R  P
N  B  W  P  A  J  F  N  K  D  Y  B  B  R  S  K
```

| | |
|---|---|
| DIAGRAM | MATRIX |
| EXPONENT | NUMMER |
| VERGELIJKING | HAAKJE |
| FACTOR | PROBLEEM |
| VALS | HOEVEELHEID |
| FORMULE | OPLOSSING |
| FRACTIE | SOM |
| GRAFIEK | AFTREKKEN |
| ONEINDIG | VARIABELE |
| LINEAIR | NUL |

# 46 - Océan

```
F D Q P D K D A P D L I H C S D
Y G D T U O Z O C F U L E P J Q
S M M O W R T V L W N O M K O Y
U P R O W A T J R F D N R D U M
P H O B I A Y X Z H I S J U B G
O Z T N D L A G P A M J M C I M
T A S E S A A K Z A A F N N M H
C E K D I A Z W J I C U J F L E
O K Y J V N F Y K G F T I A E C
E A E I L R K R A B T M N A A L
N B M T A A R E T S E O O K K Y
T B M E W G I P H V U T T H P J
U T C G V P F G O L V E N N N B
W Q L R C B Q I G N L N S R P V
B D G T L R X V I S W W N M I C
I C A Z J D Y B T E Z D C I O F
```

| | |
|---|---|
| AAL | KWAL |
| WALVIS | VIS |
| BOOT | OCTOPUS |
| KORAAL | HAAI |
| KRAB | RIF |
| GARNAAL | ZOUT |
| DOLFIJN | STORM |
| SPONS | TONIJN |
| OESTER | SCHILDPAD |
| GETIJDEN | GOLVEN |

# 47 - Antiquités

```
M K U X P E U M R O E W L S D U
G A L E R I J E E U L K K C E G
N V Z D C Q F U S W I R S H C H
I E T R J M T B T E U E T I O G
R I Z A X Y U I A S N W I L R Q
E L I A L Q D L U J N W J D A A
T I A W Y N Z A R I E U L E T U
S N T E T K N I A R D O K R I T
E G R L E C O R T P A H F I E H
V R G O V U O V I J R D L J F E
N E T N U M W O E V E L A E T N
I D Q G Y O E J U A I E E N M T
H K T B F F G W G D S E Q O A I
W S L W D R N K S K V B H H X E
B D Y J Q N O M K I R G G K V K
K W A L I T E I T N A G E L E Z
```

KUNST
AUTHENTIEK
SIERADEN
DECORATIEF
VEILING
ELEGANT
GALERIJ
ONGEWOON
INVESTERING
MEUBILAIR

SCHILDERIJEN
MUNTEN
PRIJS
KWALITEIT
RESTAURATIE
BEELDHOUWWERK
EEUW
STIJL
WAARDE
OUD

# 48 - Réchauffement Climatique

```
T M Z F F U T X F J T Z H L U O
G T O M F P X Q L O S W Y L R N
N E R U T A R E P M E T J H N T
R P A F P H H R R E I A T C E W
I J P A Y S O T A F T B S S G I
W N M L Y J E G T T A A M I L K
E A D O E T S I S I R C O T O K
T A Y U C U I H G B E T K C V E
G N C E S V V T W R N P E R E L
E D T I J T S L X U E T O A G I
V A C L F L R S R C G N T O I N
I C A I U N F I S N E V E G E G
N H I M G N I R E G E R K M Q C
G T V E R A N D E R I N G E N E
S G A S E I T A L U P O P B H G
W E T E N S C H A P P E R Y F U
```

ARCTISCH
AANDACHT
VERANDERINGEN
KLIMAAT
GEVOLGEN
CRISIS
ONTWIKKELING
GEGEVENS
MILIEU
ENERGIE

TOEKOMST
GAS
GENERATIES
REGERING
INDUSTRIE
WETGEVING
NU
POPULATIES
WETENSCHAPPER
TEMPERATUREN

# 49 - Ballet

```
V  B  S  S  F  P  G  B  O  L  Z  R  H  H  C  O
Z  A  U  K  F  S  N  B  Y  V  D  I  X  J  K  R
C  Z  A  C  K  E  I  N  H  C  E  T  T  J  O  K
D  F  L  R  O  H  L  M  C  R  E  M  U  D  M  E
L  X  P  H  D  M  M  U  Z  Y  P  E  K  A  E  S
S  K  P  B  K  I  P  P  U  B  L  I  E  K  I  T
S  R  A  A  B  E  G  O  P  D  J  G  M  W  F  R
D  I  N  Z  X  R  L  H  N  Q  S  O  L  O  A  B
A  G  E  E  H  R  U  K  E  I  T  S  I  T  R  A
N  Y  R  R  L  D  S  B  H  I  S  D  V  Q  G  W
S  D  E  O  L  Q  G  C  N  Q  D  T  S  S  O  G
E  T  I  E  T  I  S  N  E  T  N  I  B  J  E  X
R  W  P  A  I  L  J  W  B  P  T  J  O  F  R  P
S  F  S  U  J  C  M  K  E  I  Z  U  M  C  O  T
E  X  P  R  E  S  S  I  E  F  W  G  P  M  H  N
R  E  P  E  T  I  T  I  E  S  T  I  J  L  C  C
```

| | |
|---|---|
| APPLAUS | SPIEREN |
| ARTISTIEK | MUZIEK |
| CHOREOGRAFIE | ORKEST |
| VAARDIGHEID | PUBLIEK |
| COMPONIST | REPETITIE |
| DANSERS | RITME |
| EXPRESSIEF | SOLO |
| GEBAAR | STIJL |
| SIERLIJK | TECHNIEK |
| INTENSITEIT | |

# 50 - Fruit

```
V M A A S P V U N D E Y Q E A M
U R D D R G I S L G U A V E N E
A N V S C I T R O E N J Z J A L
U Z B O D A C O V A P A L N N O
O A U O G W X J Y J G P H A A E
J E A K F N S V Y F H A A R S N
Q I W I K R A O Y K V P I O V H
P E E R G K A M B A N A A N I L
F N U B L P K M J Z V E E K J Y
B I U A X Y J Y B S H E M A G K
Y R J U N Z S M R O D M X Y Z H
Q A E O Q O L E C E O D R U I F
E T P M R S C J N D O S R N H T
H C P O Y Y R I W C C R M X B P
J E K L R C F S D C S E V U E M
U N Y B E H P E R Z I K T H S I
```

| | |
|---|---|
| ABRIKOOS | KIWI |
| ANANAS | MANGO |
| AVOCADO | MELOEN |
| BES | NECTARINE |
| BANAAN | ORANJE |
| KERS | PAPAJA |
| CITROEN | PERZIK |
| VIJG | PEER |
| FRAMBOOS | APPEL |
| GUAVE | DRUIF |

# 51 - Musique

```
A  I  K  K  Z  D  I  B  E  P  O  M  Z  V  H  P
N  A  C  L  Q  R  N  A  M  O  P  N  A  O  A  W
R  I  H  A  L  I  S  L  U  Ë  E  N  N  C  R  S
I  L  A  S  P  T  T  L  Z  T  R  O  G  A  M  G
I  B  Z  S  R  M  R  A  I  I  A  O  E  A  O  T
Z  V  X  I  P  I  U  D  K  S  P  F  R  L  N  O
B  L  C  E  J  S  M  E  A  C  H  O  V  A  I  D
F  R  E  K  E  C  E  M  A  H  C  R  Q  Y  S  S
C  U  H  F  M  H  N  T  L  F  S  C  B  G  C  A
J  O  W  C  A  U  T  I  R  Y  I  I  E  S  H  F
I  N  E  G  N  I  Z  R  H  A  R  M  O  N  I  E
L  T  C  X  P  H  N  I  F  N  Y  T  A  T  V  Q
R  E  I  D  O  L  E  M  K  I  L  S  L  P  M  R
T  E  M  P  O  R  R  T  Z  A  U  O  B  L  Q  M
W  J  I  M  M  D  T  R  J  H  N  I  U  K  C  Q
B  R  H  F  F  M  L  D  C  G  Z  T  M  V  H  A
```

| | |
|---|---|
| ALBUM | MELODIE |
| BALLADE | MICROFOON |
| ZINGEN | MUZIKAAL |
| ZANGER | MUZIKANT |
| KLASSIEK | OPERA |
| OPNAME | POËTISCH |
| HARMONIE | RITME |
| HARMONISCH | RITMISCH |
| INSTRUMENT | TEMPO |
| LYRISCH | VOCAAL |

# 52 - Météo

```
H F O T W P R G O O R D N I W N
T E V E H I B A O R E D N O D O
A R M Z K Q M N M X K G Z N D T
A I O E N V P R T M L A K N Z T
M A L P L O F O Q O X A M J Y
I L O Y I Z E G R K W G E N Z S
L O I A Z S J I N O S S E O M C
K P K R J M C Q A A Z I U S R Y
A Q K N Q P T H D D A X Q D E P
H V S I D Z W G O O B N E G E R
C W T E M P E R A T U U R G F N
H V O S T O R M P S J A S V S P
M S B R I E S M R I J Z E C O D
D R O O G T E F I M K Z H J M F
B W L Z F Z M R Z X F O J U T Q
R F V C X Z E R L L O S Y H A I
```

| | |
|---|---|
| REGENBOOG | ORKAAN |
| ATMOSFEER | POLAIR |
| BRIES | DROOG |
| MIST | DROOGTE |
| KALM | TEMPERATUUR |
| HEMEL | STORM |
| KLIMAAT | DONDER |
| IJS | TORNADO |
| MOESSON | TROPISCH |
| WOLK | WIND |

# 53 - Gouvernement

```
Q Q M V D E M O C R A T I E R G
B O J R G E L I J K H E I D E R
C E O I O R D E C K E T U E C O
U Y K J I L E T H C E R E G H N
S P A H C S R E G R U B T T T D
M R T E R U S T I G L J U J E W
P O E I T O E S P R A A K F N E
S O N D H V B M F V A B C S F T
I Y L U L Z Q Q Q R N S I S G I
S I M I M S Q N Z E O T V W E T
G A P B T E N B F Y I P I W W A
N C O I O I N R G K T O E I T A
R U E V V O E T T K A R L L H T
Y Q W I J K L K Q P N X F J K S
N A T I E D I S C U S S I E B I
G E R E C H T I G H E I D T L G
```

| | |
|---|---|
| BURGERSCHAP | GERECHTELIJK |
| CIVIEL | GERECHTIGHEID |
| GRONDWET | VRIJHEID |
| DEMOCRATIE | WET |
| TOESPRAAK | MONUMENT |
| DISCUSSIE | NATIE |
| WIJK | NATIONAAL |
| RECHTEN | RUSTIG |
| GELIJKHEID | POLITIEK |
| STAAT | SYMBOOL |

# 54 - Randonnée

```
V W Q O L P O T C M N R L Y H M
O A U I K B E R G N P O P S U R
O T C D L I W A C E E P O T T R
R E C G I W Y A A R T P F R L H
B R S M F K K K H E Z F D H J W
E U Z G Q T A A M I L K I T Y G
R U N Q Q E O M X D E C P C V G
E T M L Z O N R P J H M U C I C
I A F G P D E E I E I L P G E Q
D N J W Y V Z U K Ë R A A W Z N
I E R L D R R K X R N E N E T S
N S B U K K A Z Q M A T N G Y Y
G D A C T A A T H Z P P A Y H T
C I R F N B L T T O P C Y T C S
J G F Z V L K Z W E E R W P I P
L T Z W F T U P Y J V H J Z R E
```

| | |
|---|---|
| DIEREN | WEER |
| LAARZEN | BERG |
| KAMPEREN | NATUUR |
| KAART | ORIËNTATIE |
| KLIMAAT | PARKEN |
| WATER | STENEN |
| KLIF | VOORBEREIDING |
| MOE | WILD |
| GIDSEN | ZON |
| ZWAAR | TOP |

# 55 - Art

```
V  W  X  Q  E  E  C  W  T  C  I  P  K  S  K  S
O  P  R  E  W  R  E  D  N  O  C  E  E  U  K  Y
P  X  K  P  J  Y  K  V  W  M  R  R  R  R  M  M
O  R  I  G  I  N  E  E  L  P  E  S  A  R  O  B
E  T  E  X  L  K  I  E  E  L  Ë  O  M  E  T  O
J  E  G  Y  Y  F  Z  E  E  E  R  O  I  A  J  O
T  P  N  V  R  L  Ë  R  U  X  E  N  S  L  X  L
K  Q  I  V  T  R  O  L  S  I  N  L  C  I  D  X
Y  J  K  E  O  Y  P  I  I  H  T  I  H  S  Z  B
H  H  K  M  Z  U  Q  J  V  K  N  J  D  M  Q  R
R  J  U  B  D  F  D  K  X  I  B  K  M  E  M  X
W  V  R  M  N  E  J  I  R  E  D  L  I  H  C  S
M  X  D  O  E  A  U  B  G  Z  Z  B  J  X  R  L
C  M  T  N  R  U  D  W  Q  W  A  R  T  N  T  Z
T  H  I  V  J  X  R  U  U  G  I  F  O  P  A  Y
M  K  U  G  E  Ï  N  S  P  I  R  E  E  R  D  O
```

KERAMISCH          SCHILDERIJEN
COMPLEX            PERSOONLIJK
CREËREN            POËZIE
UITDRUKKING        EENVOUDIG
FIGUUR             ONDERWERP
EERLIJK            SURREALISME
HUMEUR             SYMBOOL
GEÏNSPIREERD       VISUEEL
ORIGINEEL

# 56 - Nutrition

```
B  K  B  N  E  F  F  O  T  S  I  E  O  L  V  Y
G  W  R  E  N  E  T  A  R  D  Y  H  L  O  O  K
E  A  G  V  E  R  T  P  R  E  N  X  J  W  S  S
Z  L  E  E  T  M  I  E  E  N  I  M  A  T  I  V
O  I  W  N  T  E  N  E  J  I  R  E  C  E  P  S
N  T  I  W  I  N  G  B  X  X  A  T  S  R  P  J
D  E  C  I  W  T  R  E  I  O  A  Y  O  P  N  F
M  I  H  C  I  A  E  S  E  T  B  F  C  R  P  U
I  T  T  H  E  T  D  S  P  U  T  X  U  H  N  M
S  M  U  T  L  I  I  U  F  T  E  E  R  R  G  B
U  A  H  I  S  E  Ë  W  S  Q  E  M  R  K  C  D
J  V  U  G  I  U  N  Ë  E  I  R  O  L  A  C  I
R  E  T  S  U  L  T  E  E  Z  T  R  J  A  Z  E
B  G  P  J  L  N  E  L  J  T  B  H  Z  M  B  E
B  X  G  K  S  J  N  J  W  O  O  O  K  S  I  T
S  P  N  Z  W  G  E  Z  O  N  D  H  E  I  D  U
```

| | |
|---|---|
| BITTER | VLOEISTOFFEN |
| EETLUST | GEWICHT |
| CALORIEËN | EIWITTEN |
| EETBAAR | KWALITEIT |
| DIEET | GEZOND |
| SPECERIJEN | GEZONDHEID |
| EVENWICHTIG | SAUS |
| FERMENTATIE | SMAAK |
| KOOLHYDRATEN | TOXINE |
| INGREDIËNTEN | VITAMINE |

# 57 - Créativité

```
N A A T N O P S J C D V G U V I
H C R G E V O E L Y I I H I E N
F E I T N E V N I H E S C T R T
P B U T I H B D G C H I S D B E
B E E L D S V M N B R O I R E N
U I K A E V T C B B A E T U E S
R T A E M A I I G U A N A K L I
I A A S O A E Q E B B E M K D T
I R N A T R T W U K I N A I I E
N I W T I D I E W K E N R N N I
T P Q G E I L D H T O R D G G T
U S V X S G A W E C L B S R C S
Ï N D I E H T H C E V A L S U H
T I I Z A E I X B Z Ë D V L V K
I S U U L I V C K J B N Z Z Y F
E N W N Q D I E H R E D L E H I
```

| | |
|---|---|
| ARTISTIEK | VERBEELDING |
| ECHTHEID | INDRUK |
| HELDERHEID | INSPIRATIE |
| VAARDIGHEID | INTENSITEIT |
| DRAMATISCH | INTUÏTIE |
| UITDRUKKING | INVENTIEF |
| EMOTIES | GEVOEL |
| VLOEIBAARHEID | SPONTAAN |
| IDEEËN | VISIOENEN |
| BEELD | VITALITEIT |

# 58 - Science Fiction

```
W O W I L L U S I E X H W S F F
E I P O T S Y D M A E Y C S A U
X P L A N E E T R F T K I H N T
T G E L O T T R T V J O X T T U
R D E N K B E E L D I G O V A R
E B I A O X T M W L S C I M S I
E I E I Q R W Q N G Q O R V T S
M O X Z D Y A X R W T L A G I T
N S P Z P Q L K E A W A N L S I
K C L W S D H X E D T O E X C S
I O O N E K E O B L O W C T H C
D O S G C R G K E L V A S L I H
K P I O S U E I R E T S Y M W I
R D E X L G P L N L R A X B M T
B R A N D V D X D R O B O T S L
W F N S T E C H N O L O G I E L
```

ATOOM                DENKBEELDIG
BIOSCOOP             BOEKEN
DYSTOPIE            WERELD
EXPLOSIE            MYSTERIEUS
EXTREEM             ORAKEL
FANTASTISCH         PLANEET
BRAND               ROBOTS
FUTURISTISCH        SCENARIO
ILLUSIE             TECHNOLOGIE

# 59 - Professions #1

```
D  I  Y  E  H  Q  J  P  Y  G  O  G  E  B  N  I
V  O  T  C  R  N  X  U  I  B  G  T  C  A  L  B
E  L  K  L  H  S  K  F  W  A  I  U  E  X  Z  G
R  O  K  T  A  U  L  C  R  E  N  I  A  R  T  J
P  O  R  R  E  I  K  N  A  B  L  I  J  R  P  F
L  D  M  Y  P  R  O  T  I  D  E  I  S  N  I  S
E  G  O  O  L  O  E  G  G  M  Z  T  E  T  Z  S
E  I  O  D  I  E  R  E  N  A  R  T  S  R  C  P
G  E  N  N  C  T  N  A  K  I  Z  U  M  N  W  C
S  T  O  U  N  A  M  R  E  E  W  D  N  A  R  B
T  E  R  E  E  A  M  B  A  S  S  A  D  E  U  R
E  R  T  K  B  C  D  A  N  S  E  R  I  R  E  E
R  F  S  S  M  O  P  S  Y  C  H  O  L  O  O  G
O  E  A  K  I  V  F  G  E  Z  U  G  I  Y  T  A
W  U  O  Q  N  D  E  A  N  L  U  O  T  G  O  J
Z  K  W  P  F  A  A  R  G  O  T  R  A  C  J  U
```

| | |
|---|---|
| AMBASSADEUR | GEOLOOG |
| ASTRONOOM | VERPLEEGSTER |
| ADVOCAAT | DOKTER |
| BANKIER | MUZIKANT |
| JUWELIER | PIANIST |
| CARTOGRAAF | LOODGIETER |
| JAGER | BRANDWEERMAN |
| DANSER | PSYCHOLOOG |
| TRAINER | DIERENARTS |
| EDITOR | |

# 60 - Géologie

```
N D Y H X X G I W P M G I T V D
E N O Z B P J L C X I E E N P P
T A K A Q I Z T I W N I P G E T
L A A G P F T A G S E S O L K L
O V M I L R K X X T R E D Q H O
M A J V A G H U Y A A R G N Q Z
S L E S T R A W K L L U A E P F
E X K K E U Q S A A E U P L S W
G C U U A I O O W C N Z V L X G
G I K O U J A Z D T K O R A A L
R P N E R O S I E I S T Q T O E
O C A L C I U M J E T C L S Q I
T N E N I T N O C T E M N I Q S
U X Q X V T A T Y J E G K R Z S
V U L K A A N F Y L N Z C K V O
V E W L V X P Y X A C W Z K W F
```

| | |
|---|---|
| ZUUR | GEISER |
| CALCIUM | LAVA |
| GROT | MINERALEN |
| CONTINENT | STEEN |
| KORAAL | PLATEAU |
| LAAG | KWARTS |
| KRISTALLEN | ZOUT |
| EROSIE | STALACTIET |
| GESMOLTEN | VULKAAN |
| FOSSIEL | ZONE |

# 61 - Jardin

```
G R Q B C M K P Y E W H D P J S
A X J A L O T I N G S H M B K Z
Z A I N D B L I H Y A J P A S W
O A V K B Z E Q H C R R T G I G
N R C D B W Y O L A G C A R M B
J U P Z R Z Y W L W N T Y G C O
Q E Q G T B S V W N A G Y C E D
O N K R U I D L S L C V M Y L E
W I V I J V E R A R H R O A W M
I L B L O E M H R N U S O P T L
J O T U I N E E E Z G H B Z K I
N P H H J M S K I U R T S S E Y
S M B O O M G A A R D L Y C H W
T A F K P W F T E R R A S H A U
O R Z Q R L S P G K C J F O R X
K T D S D C J N V G N G C P K V
```

| | |
|---|---|
| BOOM | ONKRUID |
| BANK | SCHOP |
| STRUIK | GAZON |
| HEK | HARK |
| VIJVER | BODEM |
| BLOEM | TERRAS |
| GARAGE | TRAMPOLINE |
| HANGMAT | SLANG |
| GRAS | BOOMGAARD |
| TUIN | WIJNSTOK |

# 62 - Santé et Bien Être #1

```
J  G  E  I  M  Z  Y  O  B  H  R  Z  L  R  O  T
D  H  Z  Z  N  Q  E  B  I  I  O  E  Y  K  J  B
K  S  P  I  E  R  E  N  F  N  R  O  F  L  Z  Q
B  J  Y  D  O  K  T  E  R  C  T  V  G  L  K  C
Q  T  E  I  A  C  S  H  E  F  L  E  S  T  E  L
B  A  C  T  E  R  I  Ë  N  E  T  T  O  B  E  X
L  T  C  P  H  C  K  C  C  B  B  G  B  K  H  T
U  J  T  G  N  I  L  E  D  N  A  H  E  B  T  H
H  O  N  G  E  R  T  U  I  J  Q  J  M  F  O  E
I  H  A  X  N  W  E  W  U  I  Y  J  L  G  P  R
W  S  F  O  O  X  U  L  H  C  A  C  W  L  A  A
N  O  Q  B  M  K  X  K  E  I  N  I  L  K  V  P
B  J  E  A  R  R  H  O  U  D  I  N  G  K  I  I
G  E  W  O  O  N  T  E  Y  E  Z  B  I  D  R  E
F  M  S  L  H  X  Z  D  I  M  R  Q  B  I  U  Q
P  J  K  T  A  C  T  I  E  F  D  B  C  P  S  X
```

| | |
|---|---|
| ACTIEF | MEDICIJN |
| BACTERIËN | SPIEREN |
| LETSEL | BOTTEN |
| KLINIEK | HUID |
| HONGER | APOTHEEK |
| BREUK | HOUDING |
| GEWOONTE | REFLEX |
| HOOGTE | THERAPIE |
| HORMONEN | BEHANDELING |
| DOKTER | VIRUS |

# 63 - Barbecues

```
K  I  N  D  E  R  E  N  W  J  Y  B  Z  O  Q  F
L  K  M  Q  A  Q  O  C  E  K  U  T  V  I  C  I
L  Q  I  Z  M  Q  X  G  M  G  N  U  D  Z  A  I
P  D  L  V  K  K  N  R  E  G  N  O  H  J  J  K
R  U  T  I  G  T  P  I  K  E  I  Z  U  M  O  M
O  L  M  H  W  F  O  L  Z  O  Q  U  S  H  T  L
Y  Z  U  C  A  Y  J  L  U  F  E  Y  H  G  Y  F
O  D  W  E  V  S  R  F  N  G  A  M  E  S  Z  J
F  H  N  G  B  A  T  E  H  E  E  T  I  U  R  F
W  K  C  E  K  L  Y  A  L  F  I  N  Z  A  E  X
H  K  F  P  T  A  Q  F  M  E  A  U  J  S  P  M
D  I  N  E  R  D  Y  M  C  Q  X  M  E  D  E  H
E  M  U  Q  V  E  T  N  E  O  R  G  I  E  P  D
O  S  J  H  T  S  M  M  E  S  S  E  N  L  F  P
T  O  M  A  T  E  N  O  N  R  G  X  D  R  I  B
L  U  N  C  H  J  I  Y  Z  N  B  P  J  I  M  E
```

| | |
|---|---|
| HEET | GAMES |
| MESSEN | GROENTE |
| LUNCH | MUZIEK |
| DINER | UIEN |
| KINDEREN | PEPER |
| ZOMER | KIP |
| HONGER | SALADES |
| FAMILIE | SAUS |
| FRUIT | ZOUT |
| GRILL | TOMATEN |

# 64 - Forêt Tropicale

```
O V E R L E V I N G D Z V T W R
R E S T A U R A T I E O O O B E
H L O I U Q Q N P C P O G E E S
N G M E N F H U A W U G E V H P
H N E T X P G C H C T D L L O E
J U B I H J H P C V O I S U U C
B J S S J W E I S N S E H C D T
M F H R Q H K V N Q N R O H N A
I N S E C T E N E H Ë E Y T A A
W W Q V B F I H E U E N N Y T M
S O H I L G A E M W I E R Y U I
Y A L D D T O H E C B J M G U L
T G S K K D I G G G I E E S R K
L N P C E S O O R T F F D A Q O
K H C S I N A T O B M H W W Y K
W A A R D E V O L C A L N L M Q
```

| | |
|---|---|
| AMFIBIEËN | MOS |
| BOTANISCH | NATUUR |
| KLIMAAT | WOLKEN |
| GEMEENSCHAP | VOGELS |
| DIVERSITEIT | WAARDEVOL |
| SOORT | BEHOUD |
| INHEEMS | TOEVLUCHT |
| INSECTEN | RESPECT |
| JUNGLE | RESTAURATIE |
| ZOOGDIEREN | OVERLEVING |

# 65 - Ferme #1

```
Y I V H T M C H E B R O H S D R
T E E E D D U K O U O L C R U P
Y S D K J M M T D N O H L A Z B
W R E O O N V S L P I K Q Q T F
F A M G J U G J E O K N B R G Z
J D T K R A A I V N Z V G W S N
V C S E A B U R C A Z D S P D L
T K E Y R H P A A R D L B L Q W
T O M Z K M B Q L F J T I E G F
H L G S F A C J N B G A J Z D W
F C Y A T E L U K I D K R E S J
J P H E W A U F N Z E C U C O Y
T K E T T A B Q M O G Q K P W X
S M B X Z H O O I N F K P F C R
L A N D B O U W Y T D W R F P E
I B C N M D P F A Z K H O X H L
```

| | |
|---|---|
| BIJ | KRAAI |
| LANDBOUW | WATER |
| EZEL | MEST |
| BIZON | HOOI |
| VELD | HONING |
| KAT | KIP |
| PAARD | RIJST |
| GEIT | KUDDE |
| HOND | KOE |
| HEK | KALF |

# 66 - Café

```
V V B C G A I V E U D X I A B O
A Y E A Q E O Z J P E R K D B C
R K K F A C R M P Y M Z A H F H
I Q E E J R E O W U W U A N X T
Ë Y R Ï S B T O O A U U M E K E
T M G N U I L R O S T R S L A N
E E G E I T I W A J T E P A R D
I L J Q K T F R R I R E R M O U
T K L P E E G F Q R A W R M M C
O T O E R R Y W Z P W X P D A O
U V A W E L G J B Z X E C Q S
S Z H R Q R Q B Y K L Y H U A I
O O R S P R O N G R B P L E O Z
V N E N X Z T B A U O P Z R S R
P U U I D D M V L O E I S T O F
V Y J M S J W R P Y Q P Q W X A
```

ZUUR
BITTER
AROMA
DRANK
CAFEÏNE
ROOM
WATER
FILTER
MELK
VLOEISTOF

OCHTEND
MALEN
ZWART
OORSPRONG
PRIJS
GEROOSTERD
SMAAK
SUIKER
BEKER
VARIËTEIT

# 67 - Antarctique

```
B E H O U D F Y Y X Q E T Z A S
C N V H G Z P S G N I V E G M O
S C H I E R E I L A N D M C G R
T O P O G R A F I E K W P O T N
O K O W K U Q N E L A R E N I M
R N E K L O W D Z G D R R T H E
O E D G E O G R A F I E A I S I
T S D E I T I D E P X E T N P L
S S Y S R E J S T E L G U E O A
A I A A B Z Z S V T N I U N N N
C V V D D W O R F X Z H R T W D
H L I O D O K E I T A R G I M E
T A J E G X V C K A E F L I I N
I W S P J E E U O E N V Y M F D
G R W E K V L A L O R Y U C Z C
U U O D I Y G S D M R W A T E R
```

BAAI                        GLETSJERS
WALVISSEN                   EILANDEN
ONDERZOEKER                 MIGRATIE
BEHOUD                      MINERALEN
CONTINENT                   WOLKEN
WATER                       VOGELS
OMGEVING                    SCHIEREILAND
EXPEDITIE                   ROTSACHTIG
GEOGRAFIE                   TEMPERATUUR
IJS                         TOPOGRAFIE

# 68 - Professions #2

```
U B G R T N F O O S O L I F T O
A R T B U U G O O L Ö O Z I A N
R C H I R U R G T O O L I P N D
T U A N O R T S A O W X I D D E
S F R C S U S J U F G B I A A R
R J O J S E Ï O R G I R D B R Z
V L T O E I U U A H P I A C T O
U F A M F N G R A A R E L A S E
I I R L O E N N O N E V Z P F K
G S T N R G I A B P D I M G R E
G B S V P N L L E G L T P A J R
Q X U K I I S I D C I C Y L V U
Q Z L D P N H S R Q H E Y B J A
U C L I Z C D T P N C T C T D W
T U I N M A N E F D S E I O N Z
B I O L O O G P R K O D X E U P
```

ASTRONAUT
BIOLOOG
ONDERZOEKER
CHIRURG
TANDARTS
DETECTIVE
LERAAR
ILLUSTRATOR
INGENIEUR
UITVINDER

TUINMAN
JOURNALIST
LINGUÏST
ARTS
SCHILDER
FILOSOOF
FOTOGRAAF
PILOOT
PROFESSOR
ZOÖLOOG

# 69 - Les Abeilles

```
M E H Y V S K Q X B L O E M E N
I J A C L T V O P P L A V K Z P
B C B W E U B L O E S E M N V L
F W I Z U I B Q A R R W H Y L A
G M T B G F R O K N E J I B Q N
I F A G E M E E T S Y S O C E T
L N T M L E C V H H Z H B N K E
E I S R S E Z O N O E X E W O N
D U N E N L V C M B N B C D Q I
R T B W C P O B O R G I V B M N
O Y K Z D T O N R G K C N F G C
O T H H N I G N I N O K E G I D
V R D S V U R B V W Q S W A S F
R A M R A R D Y D G C T H M X M
F K S X E F V B O V O E D S E L
D I V E R S I T E I T T J F U Z
```

VLEUGELS

VOORDELIG

WAS

DIVERSITEIT

ZWERM

ECOSYSTEEM

BLOESEM

BLOEMEN

FRUIT

ROOK

HABITAT

INSECT

TUIN

HONING

VOEDSEL

PLANTEN

STUIFMEEL

KONINGIN

BIJENKORF

ZON

# 70 - Santé et Bien Être #2

```
Z I E K E N H U I S V K L Z G V
Y E I G R E N E Y E O T C R T I
O I J S Y H B V P D E O L B J B
P R V G Y R J Y Y D N O Z E G
M O P Q H Y P G S P I P N V I F
A L L E R G I E I E N U Z I T V
A A E E T L U S T Ë G C J T A B
H C N S I F X Q Q M N L L A R F
C M U A T Q K D I P E E U M D N
I L E C T R R E K S C P M I Y T
L T S I H O E V I F H K A N H Q
X Y R T C U M S F M D M S E E L
E T K E I Z R I S I M T S N D O
B L I N W E W G E U B Y A X S S
K I G E E I T C E F N I G I J M
I R M G G H E R S T E L E R U J
```

| | |
|---|---|
| ALLERGIE | INFECTIE |
| ANATOMIE | ZIEKTE |
| EETLUST | MASSAGE |
| CALORIE | VOEDING |
| LICHAAM | GEWICHT |
| DEHYDRATIE | HERSTEL |
| ENERGIE | GEZOND |
| GENETICA | BLOED |
| ZIEKENHUIS | STRESS |
| HYGIËNE | VITAMINE |

# 71 - Conduite

```
V M Y X K M K Y L U E P Q Q N A
E F O T S D N A R B L G N W D U
R J E T O X E G A R A G B A G T
V K W A O F X H C R A A V E G O
O A C Y F R Z U E I T N E C I L
E D I E H G I L I E V Y S D P E
R M O P T A M C T O L G J D R N
E F R E H S Y O I A N I G I Z N
M Z X Q N P U W L S C G L E K U
V E R K E E R O O P L E E H W T
O H Q U M N K V P T F W E L U O
R X A Z M N X H A J N I X E U P
Z A U R E G N A G T E O V N W K
M O T O R F I E T S Q I A S S U
V R A C H T A U T O K V C B E L
T W I W G A N L A W F W Z L Q M
```

ONGELUK          MOTORFIETS
VRACHTAUTO       VOETGANGER
BRANDSTOF        POLITIE
KAART            WEG
GEVAAR           VEILIGHEID
REMMEN           VERKEER
GARAGE           VERVOER
GAS              TUNNEL
LICENTIE         SNELHEID
MOTOR            AUTO

# 72 - Plantes

```
G  J  I  B  C  O  R  B  P  M  P  J  T  F  B  A
T  S  T  R  U  I  K  V  O  P  T  L  G  F  I  S
F  U  U  E  U  B  Q  J  M  O  O  B  Y  N  O  Z
V  F  I  D  A  E  J  E  I  L  N  S  B  N  L  R
Z  B  Q  N  Y  L  D  A  L  B  M  E  O  L  B  O
I  E  Y  U  L  J  W  P  K  A  X  T  N  E  U  L
M  S  U  K  G  R  Y  I  E  G  B  R  O  T  F  G
Q  O  X  T  D  Y  A  C  N  R  L  E  W  R  L  X
H  B  S  N  F  U  D  R  T  O  O  D  J  O  O  D
A  T  A  A  N  D  A  K  R  E  E  A  H  W  R  Q
Z  F  R  L  A  U  E  O  M  I  M  L  P  M  A  O
U  G  G  P  Q  L  W  R  E  E  O  B  M  A  B  S
C  A  C  T  U  S  H  S  N  G  E  Q  T  R  H
G  N  I  T  K  T  X  U  T  V  N  G  C  V  S  W
E  K  V  N  K  O  V  E  G  E  T  A  T  I  E  R
E  D  R  R  A  Q  Y  W  J  D  Z  D  P  N  M  T
```

| | |
|---|---|
| BOOM | BOS |
| BES | GROEIEN |
| BAMBOE | BOON |
| PLANTKUNDE | GRAS |
| STRUIK | TUIN |
| CACTUS | KLIMOP |
| MEST | MOS |
| GEBLADERTE | BLOEMBLAD |
| BLOEM | WORTEL |
| FLORA | VEGETATIE |

# 73 - Ferme #2

```
C S D H E V F G Z K T P K V T N
U R X E H C O A N Q V A F A W B
A T F R O K N E J I B F Y E E A
G D E D I E W I D T R A C T O R
V E U E R U U H C S N J B N E B
J A R R S C H A A P E K O E J O
V A O S O G S C F S R L E O F O
X G C E T R H N J Z E E R R B M
F R U I T E A H R X I M C G L G
Y S E T K U F E R E D A A I A A
R I Y A X M M T M N B J O M M A
Q R R G J J O L U G U Q Z S E R
F Q U I M A Ï S K Z R B M N E D
W S K R U E M T A R W E M O N O
H J D R X W H A Z G N P N B D J
B Y T I U B T S L V S B K A S L
```

| | |
|---|---|
| LAM | LAMA |
| BOER | GROENTE |
| DIEREN | MAÏS |
| HERDER | SCHAAP |
| TARWE | VOEDSEL |
| EEND | GERST |
| FRUIT | WEIDE |
| SCHUUR | BIJENKORF |
| IRRIGATIE | TRACTOR |
| MELK | BOOMGAARD |

# 74 - Vacances #2

```
R V H V Z U I X K O M F R X R G
R E E G A S S I A I N Y D Y E H
E I S R D K B A A K P P Z K D D
S H H E V J A B R G Y Z E E N O
T V O M R O M N T R O O P S A P
A Q T V M V E P T U W Z V L L C
U S E D S I E R G I O B I U N N
R T L J J A M R N Y E R S C E P
A R E I L A N D I X A T U H T M
N A I T O P E X M N X I M T I N
T N I E R T R I M F G I Q H U E
B D E J G E E X E M F E V A B W
K T R I M O P N T F W B N V H D
E E G R N C M G S X A K V E X G
X N W V T B A Q E V V F R N L D
I T S Y P C K M B D M L O P L W
```

LUCHTHAVEN
KAMPEREN
KAART
BESTEMMING
BUITENLANDER
HOTEL
EILAND
VRIJE TIJD
ZEE
PASPOORT

STRAND
RESTAURANT
RESERVERINGEN
TAXI
TENT
TREIN
VERVOER
VAKANTIE
VISUM
REIS

# 75 - Temps

```
K  B  W  S  K  W  P  U  G  R  B  L  R  C  E  D
Z  A  A  M  L  V  F  L  M  J  P  L  P  L  E  E
P  W  L  T  O  L  E  S  G  C  J  X  S  N  U  C
M  O  E  E  K  W  W  X  P  D  V  S  S  B  W  E
N  T  U  U  N  I  M  W  I  K  I  G  V  U  J  N
A  B  X  N  S  D  L  T  S  M  O  K  E  O  T  N
X  V  Z  A  M  M  E  N  S  P  O  E  D  I  G  I
Y  B  Z  Y  I  B  D  R  A  A  N  E  G  M  A  U
J  A  A  R  L  I  J  K  S  C  P  W  I  A  D  M
J  B  W  U  E  O  Y  M  T  M  H  H  S  A  B  G
K  W  Q  U  P  K  L  I  I  F  J  T  T  N  B  H
Y  M  L  Q  Y  K  T  D  O  T  I  P  E  D  H  L
D  O  R  X  C  C  S  D  V  S  F  O  R  N  J  O
O  C  H  T  E  N  D  A  U  O  Y  S  E  U  A  Y
F  R  E  L  Y  M  D  G  B  G  O  O  N  A  A  Z
V  J  R  H  Y  K  R  F  G  M  E  R  W  U  R  Z
```

| | |
|---|---|
| JAAR | KLOK |
| JAARLIJKS | DAG |
| NA | NU |
| VOOR | OCHTEND |
| SPOEDIG | MIDDAG |
| KALENDER | MINUUT |
| DECENNIUM | MAAND |
| TOEKOMST | NACHT |
| UUR | WEEK |
| GISTEREN | EEUW |

# 76 - Maison

```
I  B  G  O  Y  K  W  M  D  N  O  F  A  L  P  S
W  E  A  Y  B  J  R  U  I  E  J  P  J  M  V  P
A  F  R  O  M  J  W  U  A  I  U  Q  M  K  E  I
V  Y  A  O  L  P  W  R  N  H  Z  R  M  M  P  E
K  Y  G  D  F  Z  N  E  N  J  I  D  R  O  G  G
J  A  E  K  H  T  I  D  R  A  A  H  H  F  U  E
U  X  M  Z  O  X  U  L  R  A  A  M  Z  I  J  L
H  Q  K  E  E  H  T  O  I  L  B  I  B  U  K  Z
U  D  H  G  R  R  S  Z  B  F  P  W  H  D  A  K
D  R  R  K  Y  V  L  P  E  W  J  I  E  U  P  V
K  E  U  K  E  N  E  L  Z  H  X  O  K  H  T  H
T  A  P  I  J  T  U  A  E  L  C  U  D  F  R  E
K  X  V  M  W  Y  T  M  M  W  O  U  D  Q  E  G
H  B  A  U  J  C  E  P  O  F  Q  Y  O  U  W  F
A  H  Y  V  G  E  L  U  A  V  Q  Q  A  D  C  Q
Y  N  C  F  E  W  S  T  Q  O  B  X  X  B  I  D
```

| | |
|---|---|
| BEZEM | ZOLDER |
| BIBLIOTHEEK | TUIN |
| KAMER | LAMP |
| HAARD | SPIEGEL |
| SLEUTELS | MUUR |
| HEK | PLAFOND |
| KEUKEN | DEUR |
| DOUCHE | GORDIJNEN |
| RAAM | TAPIJT |
| GARAGE | DAK |

# 77 - Légumes

```
H P P U U Q M G K O O Q F R T A
A R A E F J B Y A V G T W D C Y
K U F D T W R E B N E O P M O P
N R B L D E E R E M M O K M O K
O H H E D E R G R X B A F N O E
F L C N R U S S Q Q E N U I R A
L E W B D G O T E Y R J S R A R
O T X E F J I L O L Y I J S A T
O R A D I J S N N E I R A A P I
K O W J U P A J E R L E L L T S
Z W S B A Y W G D R Q D O A O J
C R F B R O C C O L I L T D M O
S P I N A Z I E T Y B E W E A K
K Y W X J L E N U I B S L Z A Z
A G P T N X U E Q F A P X M T G
N F H P C T I A B T X K G V L V
```

| | |
|---|---|
| KNOFLOOK | SPINAZIE |
| ARTISJOK | GEMBER |
| AUBERGINE | RAAP |
| BROCCOLI | UI |
| WORTEL | OLIJF |
| SELDERIJ | PETERSELIE |
| PADDESTOEL | ERWT |
| POMPOEN | RADIJS |
| KOMKOMMER | SALADE |
| SJALOT | TOMAAT |

# 78 - Plage

```
Z  T  Z  W  F  O  A  P  X  C  F  N  H  F  E  O
W  O  E  M  S  W  G  P  B  Z  Y  P  K  O  E  F
L  D  M  H  Z  T  Y  H  G  A  U  E  D  O  Q  B
O  P  I  F  Y  T  S  U  K  N  O  Z  R  P  S  N
H  A  N  D  D  O  E  K  O  D  N  T  D  M  X
P  W  L  N  W  O  E  K  C  E  E  Z  V  R  R  G
F  E  B  A  L  B  Z  N  E  P  L  E  H  C  S  S
R  E  L  L  X  R  Q  K  A  K  A  A  I  F  T  P
B  M  A  I  X  Z  Z  R  A  R  D  R  R  S  O  G
L  S  U  E  K  Q  W  A  N  S  N  J  A  B  O  W
G  A  W  H  X  W  E  B  K  C  A  V  O  P  B  Q
C  Z  G  S  V  M  M  O  M  L  S  F  B  J  L  Y
R  X  P  U  A  Q  M  C  E  L  R  G  F  B  I  U
H  I  L  N  N  J  E  I  T  N  A  K  A  V  E  C
R  S  F  K  M  E  N  G  X  F  H  J  R  M  Z  Z
X  R  U  R  O  F  L  V  X  J  V  F  D  P  N  K
```

| | |
|---|---|
| BOOT | OCEAAN |
| BLAUW | PARAPLU |
| SCHELPEN | RIF |
| KUST | ZAND |
| KRAB | SANDALEN |
| DOK | HANDDOEK |
| EILAND | ZON |
| LAGUNE | VAKANTIE |
| ZEE | ZEILBOOT |
| ZWEMMEN | |

# 79 - Famille

```
B R O E R V W K F Y Q W U P D J
C O E Y M A A F D X K G H R J S
K U O K O D N I K A V S H S E M
B L F M P E T N A T L A V C K J
W F E F Y R E D U O R O O V S G
T H C I N E E F U Y E L Y F Z R
O R B M N V W U C U T I X P H O
Q G F V E Z U D Y X H C S E G O
C U Y R R I O P K Y C S W R L T
T R A B E M R O T P O I F N P M
F M U D D N V W N Q D W M H J O
N S K P N M O E D E R X N Z C E
W W L Q I T W E E L I N G W J D
H B L X K J E U G D K C O W L E
V A D E R L I J K N Z U S P T R
T N J Z V G Q M A N T V M Q A H
```

VOOROUDER
JEUGD
KIND
KINDEREN
VROUW
DOCHTER
BROER
GROOTMOEDER
OPA
TWEELING

MAN
MOEDER
NEEF
NICHT
OOM
VADERLIJK
KLEINZOON
VADER
ZUS
TANTE

# 80 - Oiseaux

```
P D C O P K T T O D B O G U B N
I U H R A O T O G O X E E Y N A
N I H E P E J E N Q I U U L J M
G F O I E K M M I P M E D L K N
U K A G G O E U M K S Z V P S Q
Ï R J E A E E N A K E O T A W V
N A A R A K U A L P G A N S A T
A A E A I W W A F C K H T U R R
A I F F L P E L I K A A N M Y M
W A I T V E S C P A U W E K I P
Z O F V E V D H L H O A E X Q B
W X G T G K H A R J M O N Y N O
S E M B Z G V I P D X A D G S B
J F I S T R U I S V O G E L T B
Z N I R B A D X T O Y D D M W J
C V K V R J P N N O T A U C G Q
```

ADELAAR            PINGUÏN
STRUISVOGEL        MUS
EEND               MEEUW
OOIEVAAR           EI
DUIF               GANS
KRAAI              PAUW
KOEKOEK            PAPEGAAI
ZWAAN              PELIKAAN
FLAMINGO           KIP
REIGER             TOEKAN

# 81 - Disciplines Scientifiques

```
M E T E O R O L O G I E E N Z A
Q O J F N L M G E O L O G I E P
T A A L K U N D E I Y T U K I L
Z O Ö L O G I E U S M K C K G A
U M H V W Q G P P O A E L S O N
I Y E D D X A Q L C N I H A L T
O G I E A H E N L I A G M C O K
B R G Q U W I M T O T O E I E U
B I O C H E M I E L O L C T H N
H T L J W I O E I O M O H O C D
C R O P H G N E F G I N A B R E
H R R R S O O W K I E U N O A U
L N U O H L R M Q E J M I R T D
K R E G Z O T K C B N M C W E J
Z S N M K I S W F L X I A K T J
E H A O O B A E C O L O G I E J
```

ANATOMIE
ARCHEOLOGIE
ASTRONOMIE
BIOCHEMIE
BIOLOGIE
PLANTKUNDE
CHEMIE
ECOLOGIE
GEOLOGIE

IMMUNOLOGIE
TAALKUNDE
MECHANICA
METEOROLOGIE
NEUROLOGIE
ROBOTICA
SOCIOLOGIE
ZOÖLOGIE

# 82 - Maladie

```
A H C S I N O R H C B O T T E N
A C T H E R A P I E N R M X K Q
D S U N I S F D J D Ë V F H J S
E I A U B U G H H M E Z P U I Y
M T R F T O M M A K I U B M L D
H E C K I L J C Q S G N F O E K
A N T D E K H P H S R T U O T V
L E I H T A P O R U E N I R T S
I G U O I W K E H O L E N D E N
N N S I N Z V H R K L H D N M L
G O J E U X K A N F A U A Y S I
C L A W M F E R S Z E M G S E C
G I Z Q M P G T R M N L G Q B H
M O A G I A F D K L F P I B T A
O N T S T E K I N G H C L J D A
G E Z O N D H E I D O B F U K M
```

BUIK
ACUUT
ALLERGIEËN
CHRONISCH
BESMETTELIJK
LICHAAM
HART
ZWAK
GENETISCH
ERFELIJK

IMMUNITEIT
ONTSTEKING
LENDEN-
NEUROPATHIE
BOTTEN
ADEMHALING
GEZONDHEID
SINUS
SYNDROOM
THERAPIE

# 83 - Univers

```
E B K Z D B G T W Y E H A A H Q
Z A A L O E T M A A N E S S O D
V A N K P N V A Y E E M T T R D
M N T I O M N E B G I E R R I A
V U E P O S Z E N C B L O O Z A
X F L W C X M I W A T B N N O R
J H E D S K L I Y E A R O O N G
Y F N S E J Z A S K N R O M E E
N I B B L J Y M B C N D M I D T
S I N R E T S I U D H N E E Ï D
C V D Y T H A L F R O N D J O E
L E N G T E G R A A D R G C R E
Y H N W J Z O A T M O S F E E R
Z I C H T B A A R D E K P I T B
Z O N N E S Q C V D O M D R S E
D I E R E N R I E M I P T T A E
```

| | |
|---|---|
| ASTEROÏDE | BREEDTEGRAAD |
| ASTRONOOM | LENGTEGRAAD |
| ASTRONOMIE | MAAN |
| ATMOSFEER | DUISTERNIS |
| HEMEL | BAAN |
| KOSMISCH | ZONNE |
| EVENAAR | ZONNEWENDE |
| HALFROND | TELESCOOP |
| HORIZON | ZICHTBAAR |
| KANTELEN | DIERENRIEM |

# 84 - Géographie

```
E  M  B  W  P  T  G  N  U  N  C  A  N  V  Z  G
X  V  T  E  Y  M  R  R  H  W  O  P  G  O  E  Z
W  E  R  E  L  D  O  A  E  B  N  O  M  Z  E  A
O  R  A  A  P  N  N  P  S  B  T  S  R  W  R  O
N  A  A  E  C  O  D  N  A  L  I  E  A  E  E  U
R  D  K  W  P  R  G  P  T  P  N  M  T  S  G  I
G  I  M  L  R  F  E  G  J  T  E  G  L  T  I  G
S  W  V  Y  B  L  B  T  F  N  N  R  A  E  O  A
I  K  G  I  G  A  I  L  D  G  T  J  S  N  E  S
M  P  W  N  E  H  E  Z  H  O  O  G  T  E  U  V
D  U  G  O  R  R  D  U  M  W  L  A  N  D  K  K
W  Q  Q  O  G  J  A  I  K  B  Y  Y  Q  C  V  A
D  A  A  R  G  E  T  D  E  E  R  B  S  Q  L  T
W  F  S  D  D  P  S  E  K  F  C  W  Y  N  K  C
T  M  Y  E  A  Z  L  N  A  A  I  D  I  R  E  M
O  X  F  N  D  J  L  R  R  O  D  I  X  U  Q  K
```

| | |
|---|---|
| HOOGTE | WERELD |
| ATLAS | BERG |
| KAART | NOORDEN |
| CONTINENT | OCEAAN |
| RIVIER | WESTEN |
| HALFROND | LAND |
| EILAND | REGIO |
| BREEDTEGRAAD | ZUIDEN |
| ZEE | GRONDGEBIED |
| MERIDIAAN | STAD |

# 85 - Danse

```
N Z F T K L D P L J I K Y K M C
O J S Q L E E U S I V L R U U U
F Y Q X K L I X O L C P U N Z L
H M R A N B U E G B Q H H S I T
C E E M T I R J M Z L X A T E U
V G N I G E W E B O I J D A K R
K X T M H D B T L F T H V E M E
U L R V G A M F F Z E I D E C E
Q Q A I P N L T I M M H E Q V L
V N P S R E P E T I T I E N Q F
X W L K S G H O U D I N G N W J
Z G D C E I F A R G O E R O H C
J C X L S N E G N I R P S H Q M
C U L T U U R K A C A D E M I E
E X P R E S S I E F R T H D O E
Y W U A T R A D I T I O N E E L
```

ACADEMIE
KUNST
CHOREOGRAFIE
KLASSIEK
LICHAAM
CULTUUR
CULTUREEL
EXPRESSIEF
EMOTIE
GENADE

BLIJ
BEWEGING
MUZIEK
PARTNER
HOUDING
REPETITIE
RITME
SPRINGEN
TRADITIONEEL
VISUEEL

# 86 - Bâtiments

```
J B X L O O H C S R P I N G Q A
B A M U I R O T A V R E S B O P
T L W E D A S S A B M A Y U M P
U W H T L C U D G X I Y C N L A
K Z E K O O P I C A V N K I A R
S K F C H L E E T S A K E V B T
Z C G X I E R V N A H A G E O E
E I H J Q T M U E S U M A R R M
G W Y U P O A T T B B C R S A E
I W W V U H R R H B H U A I T N
Y I H H L R K A I E V X G T O T
L N O I D A T S J U A C W E R T
B I O S C O O P Z A I T Y I I O
O S P T F A B R I E K F E T U R
Z I E K E N H U I S J F J R M E
Y W T B G U U M G Y U O V Q B N
```

AMBASSADE
APPARTEMENT
CABINE
KASTEEL
BIOSCOOP
SCHOOL
GARAGE
SCHUUR
ZIEKENHUIS
HOTEL

LABORATORIUM
MUSEUM
OBSERVATORIUM
STADION
SUPERMARKT
TENT
THEATER
TOREN
UNIVERSITEIT
FABRIEK

# 87 - Activités et Loisirs

```
B N F H T A X L H D Y B X P U I
T U I N I E R E N G O L M L B H
M N W T R O P S L E G N E H H S
W I R E P V O U D L F L O G D E
Q A K A M P E R E N P R V I U H
B X N E N N A P S T N O U C I O
I U F D J I R E D L I H C S K B
I R B R E B A S K E T B A L E B
F A J O H L A B Y E L L O V N Y
J C S A K Y E S T R A S N H T M
G E K M L S E N H N B O P T H Q
S N S I N N E T K K T S N U K A
Z W E M M E N N L N E I W S B F
N I U G T T L J J O O E P L H Y
B E X Z B T V O C A V R R M F P
H O N K B A L Y Q W S Z W F I X
```

KUNST  
HONKBAL  
BASKETBAL  
BOKSEN  
KAMPEREN  
RACEN  
VOETBAL  
GOLF  
TUINIEREN  
ZWEMMEN  

HOBBY  
SCHILDERIJ  
HENGELSPORT  
DUIKEN  
WANDELEN  
ONTSPANNEN  
SURFEN  
TENNIS  
VOLLEYBAL  
REIS

# 88 - Livres

```
I N V E N T I E F E J V V G J C
R R O R A K A R O M A N W N Z S
R U U T N O V A P O S U P T L N
J E D H N A A D P O M P H S C D
U B L A A H R E V R Ë W C L O U
C T I E C O N T E X T Z S N L A
W A L T V C C L E A Q T I Y L L
H C S I G A R T I U S W P E E I
J K S X R L N F U T Q U E E C T
O B V Y X L E T Q E E O W Y T E
H I S T O R I S C H R R R X I I
H U M O R I S T I S C H A J E T
D P V N E D J I Z D A L B I I F
V U S D Z G E D I C H T C I R W
H S A V E R T E L L E R C Y E Y
R L C T L C B O A U T E U R S W
```

AUTEUR
AVONTUUR
COLLECTIE
CONTEXT
DUALITEIT
EPISCH
VERHAAL
HISTORISCH
HUMORISTISCH
INVENTIEF

LEZER
LITERAIR
VERTELLER
BLADZIJDE
RELEVANT
GEDICHT
POËZIE
ROMAN
SERIE
TRAGISCH

# 89 - Pays #2

```
Z O E G A N D A Q O F J A S J D
Y C D X N C A S U C Z O F G M E
P I Z V I H I P E U N O L Y P N
S X F I H F Z Y A G F E O W F E
H E L A C I A M A J O B N J R M
O M L M U R Ë I L A M O S S A A
H A Ï T I Q I I P A F E O O N R
O S D N A L S U R A A I N E K K
E P V O I K E L G Y K D U D R E
K G N A W N L A O S I K A I N
R J T A L T O U Z B J N S N J P
A G Q B A G D L V Z I A Q T K O
Ï K A I D C N S D F A B V U A J
N S O L Z A I X K P Y L I P E N
E J Q S I E R L A N D A I E A Q
R Z B K P D K K C T G Z F M C D
```

| | |
|---|---|
| ALBANI | LAOS |
| CHINA | LIBANON |
| DENEMARKEN | MEXICO |
| FRANKRIJK | OEGANDA |
| HAÏTI | PAKISTAN |
| INDONESIË | RUSLAND |
| IERLAND | SOMALIË |
| JAMAICA | SOEDAN |
| JAPAN | SYRIË |
| KENIA | OEKRAÏNE |

# 90 - Fournitures d'Art

```
O  I  F  W  N  B  T  I  S  M  G  C  A  A  W  C
Z  L  F  S  M  M  B  Z  U  H  S  A  O  I  A  R
B  N  I  K  M  L  A  F  X  U  T  M  P  D  T  E
S  J  N  E  D  O  L  T  O  P  O  E  T  E  E  A
A  Q  U  A  R  E  L  L  E  N  E  R  E  E  R  T
C  T  A  S  T  N  I  O  N  J  L  A  F  Ë  U  I
Q  Z  P  L  O  O  K  S  T  U  O  H  I  N  W  V
E  Z  E  L  D  P  H  K  L  E  U  R  E  N  H  I
N  P  V  E  I  H  I  U  Y  E  T  P  L  Z  O  T
B  C  W  T  K  N  I  P  R  K  T  A  K  E  B  E
P  L  C  S  S  J  A  H  C  H  Y  S  F  A  X  I
L  Q  F  A  E  P  L  F  A  U  Y  Z  R  E  T  T
X  O  L  P  J  J  U  P  W  X  O  L  T  O  L  M
E  U  I  N  Y  L  M  U  O  G  T  J  U  Y  B  Z
K  W  J  P  A  P  I  E  R  I  H  D  P  S  K  O
N  W  M  O  G  Q  P  I  W  X  R  P  D  O  L  D
```

| | |
|---|---|
| ACRYL | POTLODEN |
| AQUARELLEN | CREATIVITEIT |
| KLEI | WATER |
| BORSTELS | INKT |
| CAMERA | GOM |
| STOEL | OLIE |
| HOUTSKOOL | IDEEËN |
| EZEL | PAPIER |
| LIJM | PASTEL |
| KLEUREN | TAFEL |

# 91 - Eau

```
R Q C Y O S Y G I T H C O V Q H
S I O C E A A N O V O R S T S O
V T V P Q R V A B L A A N A K U
W B O I V N R A M L V S N G H N
K I D O E U Y K G H X E G N S Z
S W M H M R U R A A B K N I R D
R E G E N L U O E S V A I P Z W
I R R I G A T I E Y G G M M H L
J K I V N G E N I H N R O A Y K
Y Z V U Y Y O O X P F P R D N N
N L T P T F V M U N P W T R U M
M M O E S S O N I J S U S E H K
J V M J X Z D O U C H E R V U Y
O G E I S E R M E E R E E G Q I
V O C H T I G H E I D N V P J P
T V J A D R T M C T G S O I J R
```

KANAAL
DOUCHE
VERDAMPING
RIVIER
VORST
GEISER
IJS
VOCHTIG
VOCHTIGHEID
OVERSTROMING

IRRIGATIE
MEER
MOESSON
SNEEUW
OCEAAN
ORKAAN
REGEN
DRINKBAAR
GOLVEN
STOOM

# 92 - Jazz

```
S S Q R N Y Z T S M U R D U O C
T C O I Z S I E T S E I T R A V
E W R T M I T O I A L B U M I P
C H U M L A M D J Y W W I M H D
O R O E R N E G L Q Q R U N V K
C R G N I L L E T S N E M A S M
O S K E I N H C E T L I E D B U
N Y O E Q O X K H Q Q Y B O B Z
C R N L S E T W S V Y T B F E I
E W L Z O T S I N O P M O C R E
R U P V W X U I J A W A G G O K
T O M J V R A T A L E N T Z E Q
K W Z F A V O R I E T E N G M I
I M P R O V I S A T I E E M D I
A C K A C D V F E X U D S N H C
I Q D L P K H W J Z H S M I F H
```

ALBUM                MUZIEK
ARTIEST              NIEUW
BEROEMD              ORKEST
LIED                 RITME
COMPONIST            SOLO
SAMENSTELLING        STIJL
CONCERT              TALENT
FAVORIETEN           DRUMS
GENRE                TECHNIEK
IMPROVISATIE         OUD

# 93 - Paysages

```
R  I  V  I  E  R  E  W  B  D  W  C  W  M  L  V
E  I  E  E  D  G  A  W  H  O  G  R  O  T  W
S  G  X  L  Z  I  H  T  Q  J  E  E  I  Y  W  J
I  B  G  R  L  G  W  E  P  A  S  A  R  E  O  M
E  Q  W  Z  Q  A  Z  R  W  B  T  B  E  R  G  U
G  S  M  E  C  J  V  V  D  J  I  A  S  J  S  I
H  S  P  E  R  B  L  A  Q  M  J  L  M  Q  Z  R
C  E  J  S  E  B  V  L  S  D  N  A  L  I  E  A
W  W  U  Z  G  R  E  B  S  J  I  L  T  N  G  U
A  B  S  V  T  O  E  N  D  R  A  V  P  R  L  T
X  W  Z  D  E  V  U  L  K  A  A  N  J  F  E  S
A  N  D  N  A  L  I  E  R  E  I  H  C  S  T  E
Q  G  R  A  J  S  R  S  J  S  O  A  S  E  S  H
N  D  P  R  P  K  M  F  Y  Y  H  X  P  Q  J  C
F  Q  K  T  R  E  A  K  Q  D  C  E  Q  R  E  X
P  M  D  S  G  B  X  V  O  A  C  U  H  A  R  Y
```

| | |
|---|---|
| WATERVAL | MEER |
| HEUVEL | MOERAS |
| WOESTIJN | ZEE |
| ESTUARIUM | BERG |
| RIVIER | OASE |
| GEISER | SCHIEREILAND |
| GLETSJER | STRAND |
| GROT | TOENDRA |
| IJSBERG | VALLEI |
| EILAND | VULKAAN |

# 94 - Pays #1

```
F I N L A N D H Q L N G V D K N
F L E J N A P S C O X S F A L O
M A L J A V E N E Z U E L A N O
P M O K K O R A M U E P G N I R
V A P Q A H O D C A N A D A C W
H L N V P A D U G Q C A A T A E
L X X A U F A I I N D I A S R G
R W A Z M J U T D Y M Q E I A E
M N K V N A C S B B S U C N G N
G O U L R S E L Ë A R S I A U J
Q L Ë I L I Z A R B L Z C H A Q
N X F I T K X N S P V I U G V W
Z L S E R K O D E U A N D F K W
Y A R G E N T I N I Ë O R A P E
B F E F I L I P I J N E N S P P
L I B I Ë I N E M E O R P W H M
```

AFGHANISTAN
DUITSLAND
ARGENTINIË
BRAZILIË
CANADA
SPANJE
ECUADOR
FINLAND
INDIA
ISRAËL

LIBIË
MALI
MAROKKO
NICARAGUA
NOORWEGEN
PANAMA
FILIPIJNEN
POLEN
ROEMENIË
VENEZUELA

# 95 - Nombres

```
Z Q F T Q F L K H N T V P Y E U
T O E L S S S A D P H W O Q M C
O W C J W P U X Q N C U A O I J
P D I K K C W K K E A B Q A B A
I U B N E I T F J I V Z H D L B
Q S G S T N L N Q T E K W Q U F
D D J K C I W K M S Y W A G N J
D U L J G L G T I E N A M T H I
V R K V K U X F G Z L C J C A V
U Q I N E I T R E E V H Y H R H
R T N E I T N E V E Z T E K D K
S A Z G J Z J R Y W I T K J M V
R S D E Z E S I Y T L I L I U I
A Z W N D E R T I E N E V E Z E
D E C I M A A L W M K N V Y A R
N E G E N T I E N M X U X U U T
```

VIJF
TWEE
DECIMAAL
TIEN
ACHTTIEN
NEGENTIEN
ZEVENTIEN
TWAALF
ACHT
NEGEN

VEERTIEN
VIER
VIJFTIEN
ZESTIEN
ZEVEN
ZES
DERTIEN
DRIE
TWINTIG
NUL

# 96 - Psychologie

```
I  E  I  T  P  E  C  R  E  P  G  S  T  A  W  B
J  N  G  C  K  I  B  T  M  X  E  D  F  F  G  E
O  P  V  I  I  P  W  I  J  N  V  D  H  S  E  O
G  R  H  L  N  A  K  E  N  F  O  G  E  P  D  O
E  O  B  F  O  R  S  T  M  S  E  U  N  R  R  R
D  B  O  N  S  E  X  I  J  O  L  E  J  A  A  D
A  L  U  O  O  H  D  L  I  N  T  J  J  A  G  E
C  E  K  C  O  T  D  A  F  Y  I  I  V  K  I  L
H  E  O  K  L  U  C  E  M  L  W  I  E  H  E  I
T  M  B  N  E  M  O  R  D  W  I  D  Z  S  Y  N
E  W  O  V  T  S  U  W  E  B  R  E  D  N  O  G
N  K  H  C  S  I  N  I  L  K  E  E  S  D  H  I
F  U  M  R  U  D  M  G  G  P  K  Ë  T  U  G  U
D  K  J  Y  W  H  G  R  X  Q  D  N  Z  D  Z  L
O  X  G  L  E  E  R  V  A  R  I  N  G  E  N  E
T  Y  R  A  B  K  K  V  G  Z  N  Y  W  V  I  X
```

| | |
|---|---|
| KLINISCH | INVLOED |
| GEDRAG | GEDACHTEN |
| CONFLICT | PERCEPTIE |
| EGO | PROBLEEM |
| JEUGD | AFSPRAAK |
| ERVARINGEN | REALITEIT |
| EMOTIES | DROMEN |
| BEOORDELING | GEVOEL |
| IDEEËN | ONDERBEWUST |
| BEWUSTELOOS | THERAPIE |

# 97 - Nature

```
G  B  G  E  Y  D  B  W  O  L  K  E  N  S  O  B
M  A  K  R  K  B  K  G  W  A  T  E  W  C  M  Z
O  O  G  O  G  I  T  S  U  R  R  T  O  H  Z  M
D  X  L  S  T  J  S  H  F  Z  O  R  E  U  R  E
G  I  O  I  Y  E  I  D  F  F  P  E  S  I  V  H
I  D  E  E  F  N  M  E  V  I  I  D  T  L  I  X
L  S  H  R  F  L  L  Z  G  A  S  A  I  P  T  O
I  P  C  H  E  H  Y  Q  V  Y  C  L  J  L  A  P
E  L  D  H  Q  N  C  W  C  V  H  B  N  A  A  E
H  R  P  W  O  B  J  S  E  R  E  E  N  A  L  K
H  B  O  H  B  O  D  L  I  W  Y  G  J  T  T  A
R  I  V  I  E  R  N  B  G  M  K  Z  O  S  Y  E
A  S  L  X  V  Z  P  H  E  N  A  T  J  K  H  M
A  R  C  T  I  S  C  H  E  Y  B  N  F  J  V  Z
G  L  E  T  S  J  E  R  J  I  N  S  Y  K  I  E
L  C  R  D  V  H  P  I  P  E  D  J  Z  D  T  G
```

| | |
|---|---|
| BIJEN | RIVIER |
| SCHUILPLAATS | BOS |
| DIEREN | GLETSJER |
| ARCTISCH | WOLKEN |
| SCHOONHEID | RUSTIG |
| MIST | HEILIGDOM |
| WOESTIJN | WILD |
| DYNAMISCH | SEREEN |
| EROSIE | TROPISCH |
| GEBLADERTE | VITAAL |

# 98 - Chimie

```
F  A  E  W  J  Z  N  C  E  E  H  S  Z  R  F  H
C  U  L  R  H  O  F  H  S  N  S  F  Z  E  F  W
M  F  T  K  L  K  P  L  A  X  Z  C  L  I  O  N
O  X  S  K  A  T  D  O  X  B  E  Y  V  M  T  W
L  T  C  B  P  L  R  O  C  F  Z  I  M  E  S  A
E  T  M  R  A  W  I  R  E  H  Z  I  O  T  I  T
C  H  A  I  P  D  C  S  A  L  P  S  O  A  E  E
U  C  E  A  K  F  N  W  C  F  E  I  T  L  O  R
U  I  V  E  I  R  V  Z  I  H  R  K  A  E  L  S
L  W  O  L  K  O  O  L  S  T  O  F  T  N  V  T
W  E  V  C  M  H  W  G  G  U  B  B  Y  R  B  O
E  G  D  U  X  K  U  C  A  O  H  L  Z  Q  O  F
Y  Z  M  N  O  O  D  K  S  Z  Y  U  D  X  L  N
U  U  J  P  S  R  Z  U  U  R  S  T  O  F  W  D
G  U  K  A  T  A  L  Y  S  A  T  O  R  Q  J  J
X  R  X  D  P  T  E  M  P  E  R  A  T  U  U  R
```

| | |
|---|---|
| ZUUR | WATERSTOF |
| ALKALISCH | ION |
| ATOOM | VLOEISTOF |
| KOOLSTOF | METALEN |
| KATALYSATOR | MOLECUUL |
| WARMTE | NUCLEAIR |
| CHLOOR | ZUURSTOF |
| ENZYM | GEWICHT |
| ELEKTRON | ZOUT |
| GAS | TEMPERATUUR |

# 99 - Bateaux

```
N E V L O G J A C H T M T O L V
A C U K H Y E M V A X E O C O S
U M R Y M P Q V R B R E O E E Z
T K B S T H W F P E O R B A M Z
I X A Y G P I L C T W E L A J N
S H K A J A K X M Z M I I N H Y
C Q S H I F M U R N H V E B Z J
H L F L K B M Q M V R I Z T K M
G B A T V E Z D Z A P R P M B A
Y T P G W E S L Y A T W O M A S
B Q H U L B K D R K L R V E G T
A X A H P D E P P Q N B O I S L
O N M O T O R K B M B Y V O B S
N G K U F E R A U T Q T I J S S
A X U E Y D G N I N N A M E B B
T O U W R I T O V E E R B O O T
```

| | |
|---|---|
| ANKER | MATROOS |
| BOEI | MAST |
| KANO | ZEE |
| TOUW | MOTOR |
| BEMANNING | NAUTISCH |
| VEERBOOT | OCEAAN |
| RIVIER | VLOT |
| KAJAK | GOLVEN |
| MEER | ZEILBOOT |
| TIJ | JACHT |

# 100 - Mesures

```
E F J W K X Q Z C H D H Z L B K
B R E E D T E C C M C E I W Y I
H Y E E N O L P Q D Q R D T L
N O U T B U M A R G O L I K E O
M B O W I F E A E R N A S S A M
F D I G P L T M T H C I W E G E
H H I F T L E I E V O L U M E T
T U T U P E R C M A R G M G S E
P S G L A R T E I T G Q I C I R
E R W F E P N D T J R R N C U C
C V Z H C N I S N O A F U O P T
D I E P T E G M E J A M U A T O
T U T V E R A T C W D B T V M N
P M J T F W P P E P K Y D M N W
V O W J V J T T K A U V V N P P
M Z W Z G C G D S H X O Z E E F
```

CENTIMETER          MASSA
GRAAD               METER
DECIMAAL            MINUUT
GRAM                BYTE
HOOGTE              ONS
KILOGRAM            GEWICHT
KILOMETER           INCH
BREEDTE             DIEPTE
LITER               TON
LENGTE              VOLUME

## 1 - Adjectifs #2

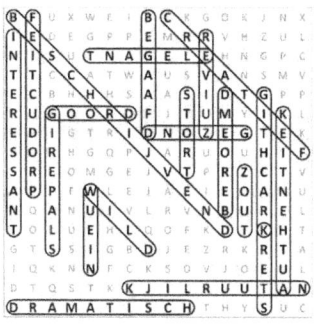

## 2 - Formes

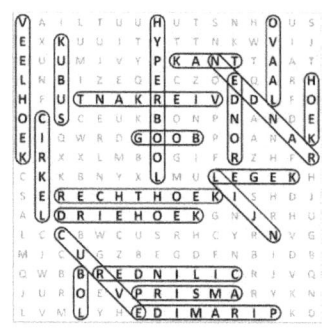

## 3 - Force et Gravité

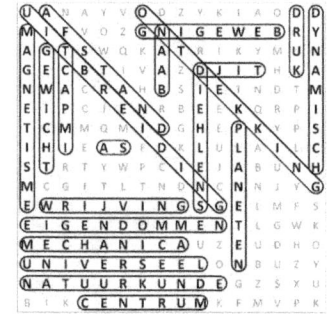

## 4 - Adjectifs #1

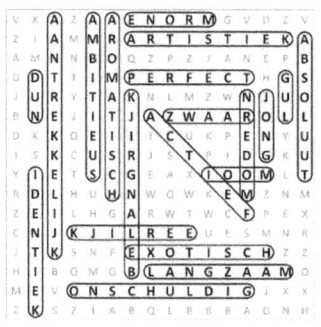

## 5 - Instruments de Musique

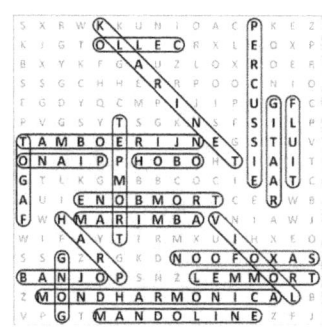

## 6 - Échecs

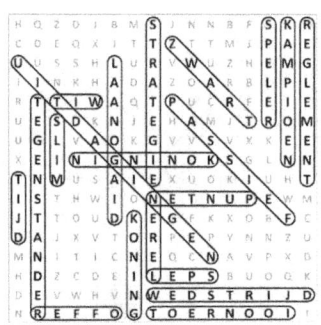

## 7 - Herboristerie

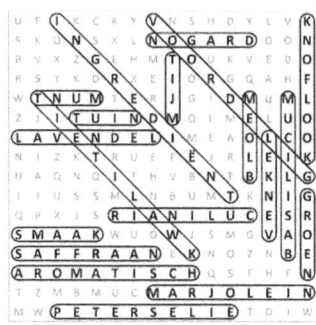

## 8 - Véhicules

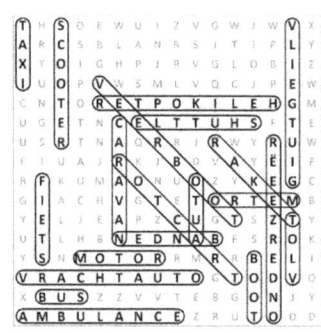

## 9 - Camping

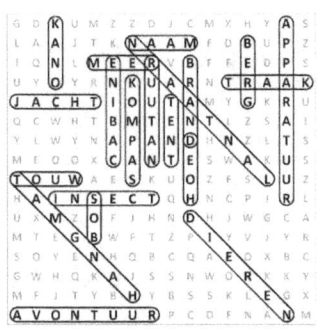

## 10 - Géométrie

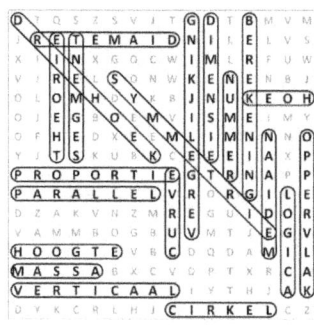

## 11 - Les Médias

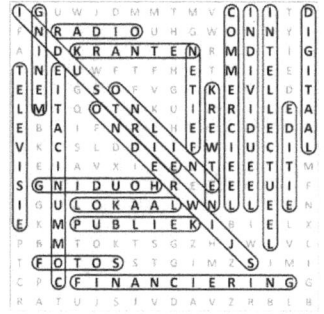

## 12 - Diplomatie

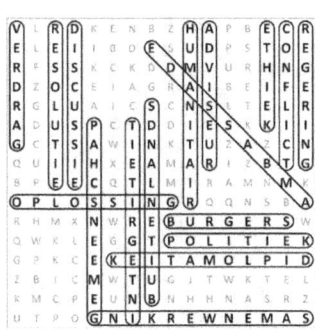

## 13 - Astronomie

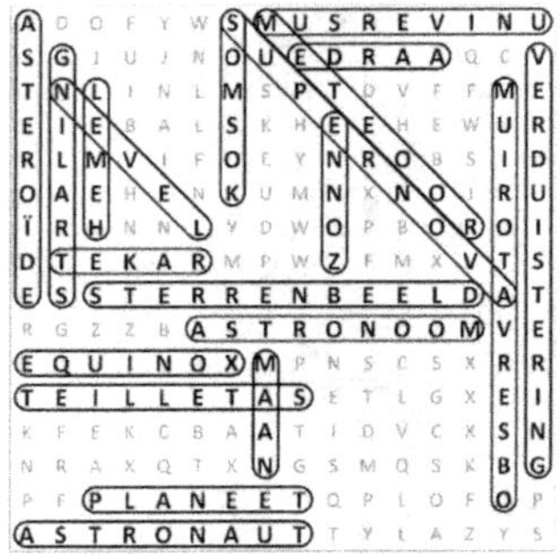

## 14 - Physique

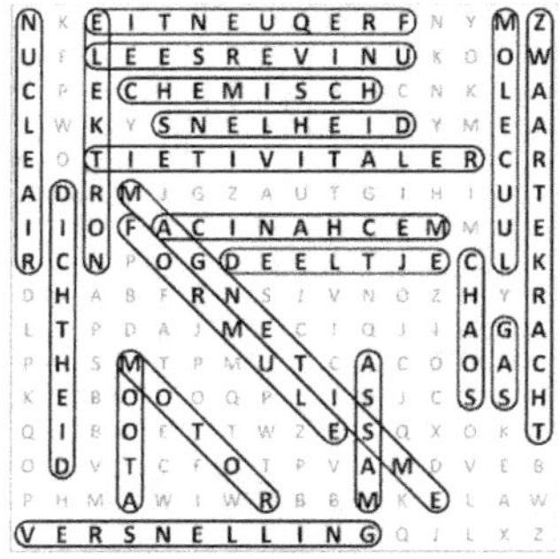

## 15 - Types de Cheveux

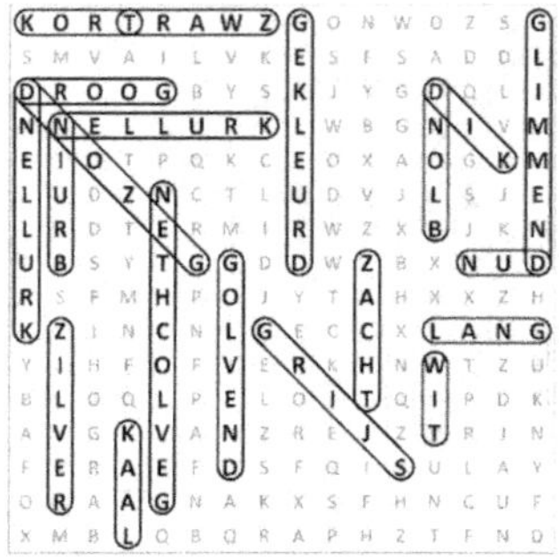

## 16 - Archéologie

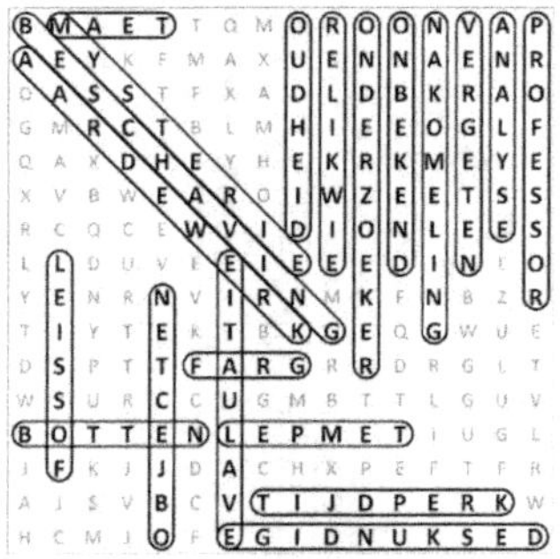

## 17 - Mammifères

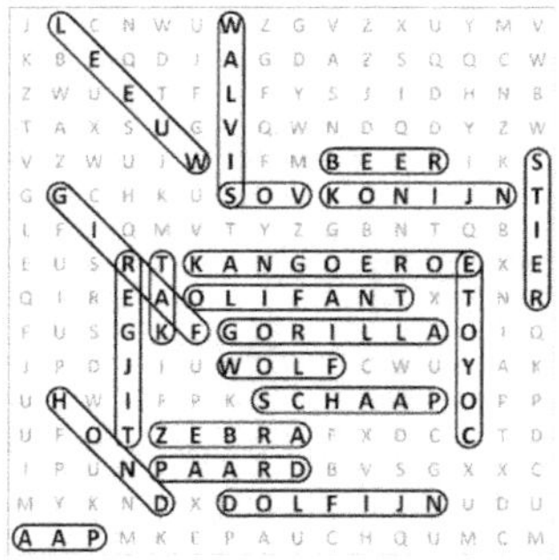

## 18 - Chocolat

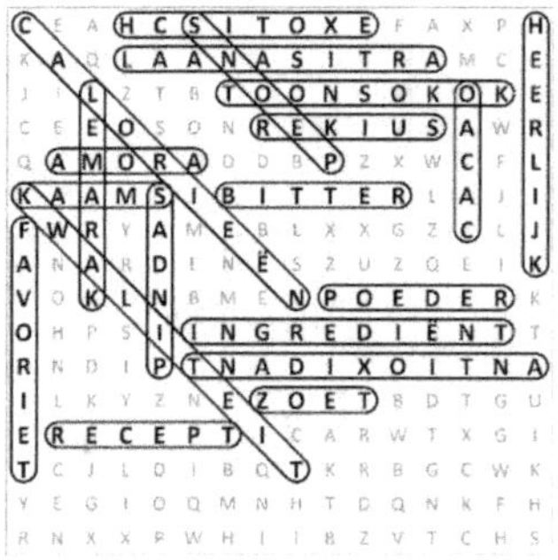

## 19 - Mathématiques

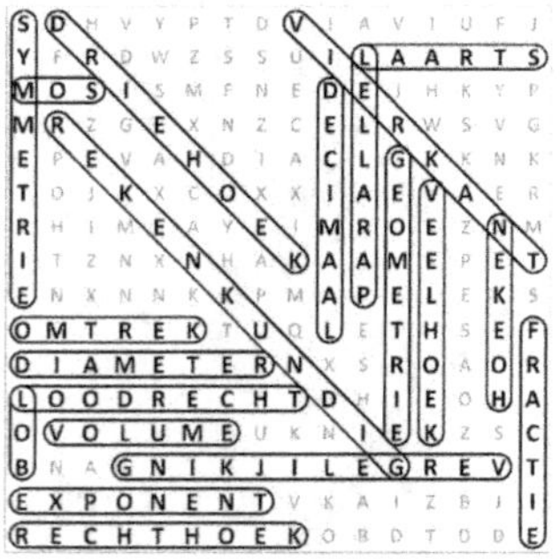

## 20 - Mythologie

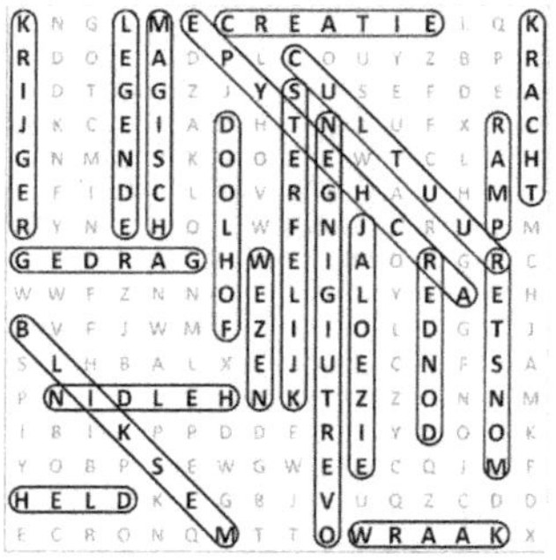

## 21 - Restaurant #2

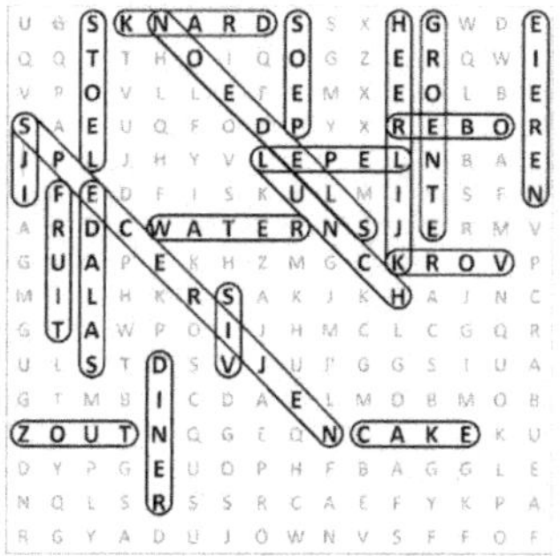

## 22 - Beauté

## 23 - Avions

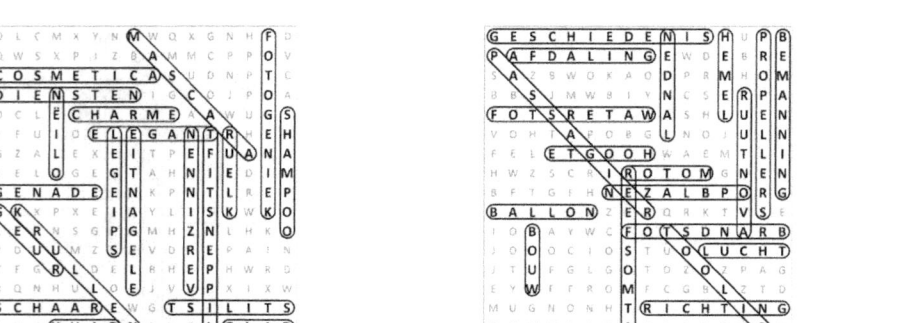

## 24 - Aventure

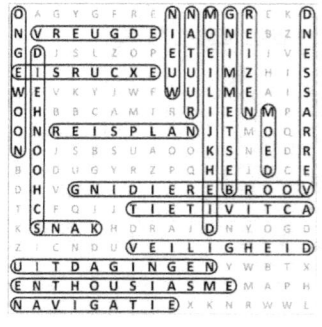

## 25 - Ville

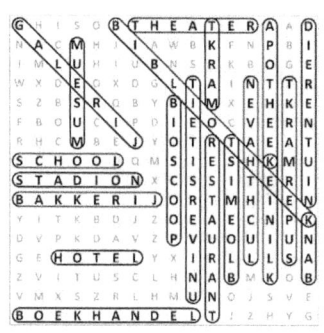

## 26 - Ingénierie

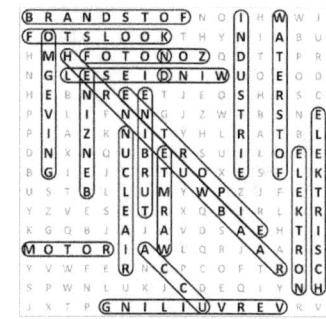

## 27 - Énergie

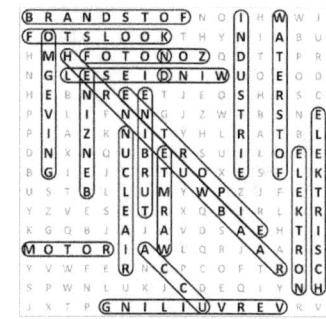

## 28 - Cuisine

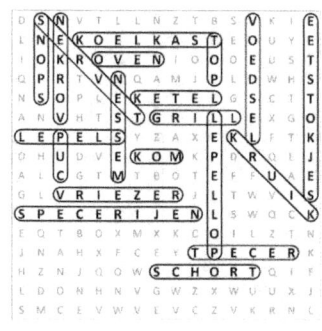

## 29 - Corps Humain

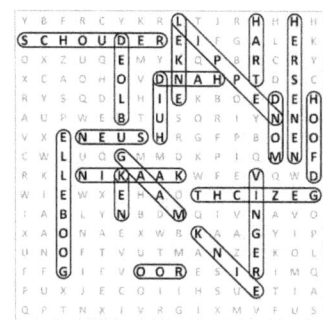

## 30 - Biologie

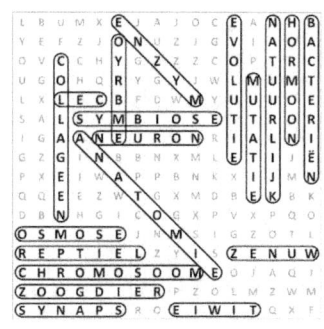

## 31 - Épices

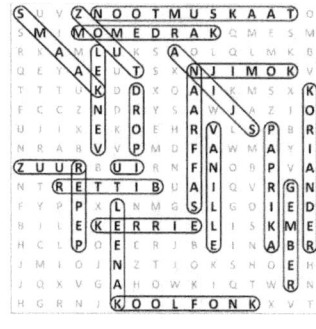

## 32 - Agronomie

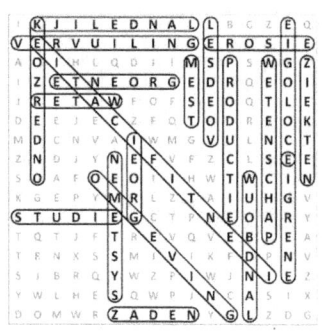

## 33 - Science

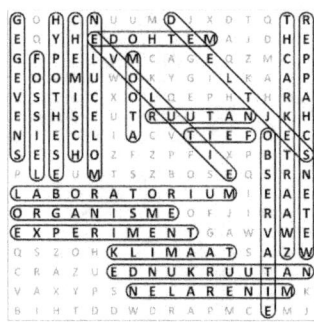

## 34 - Vêtements

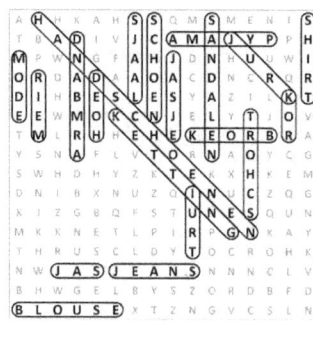

## 35 - Arts Visuels

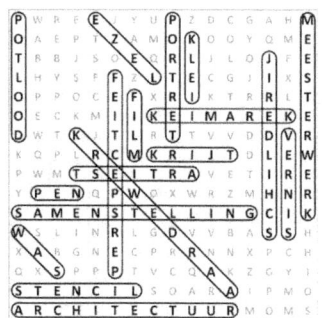

## 36 - Méditation

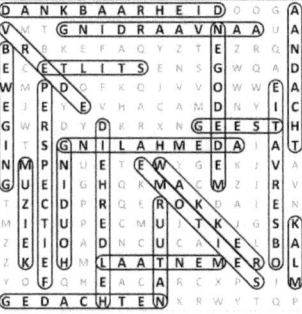

## 37 - Littérature

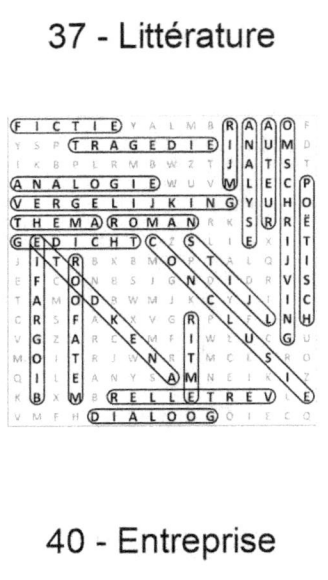

## 38 - Nourriture #1

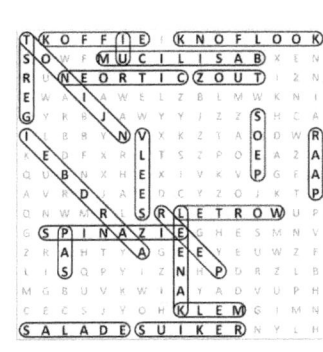

## 39 - Jours et Mois

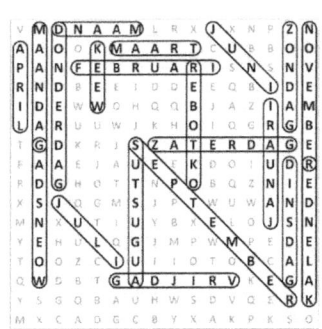

## 40 - Entreprise

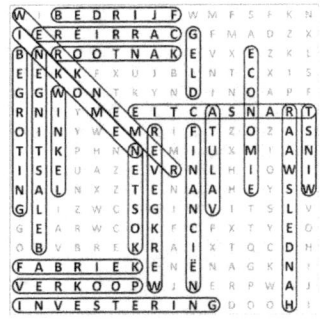

## 41 - Activités

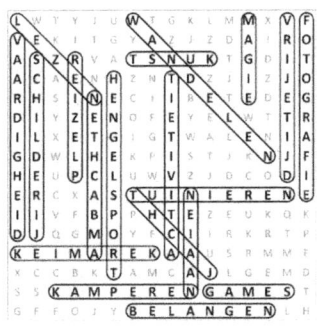

## 42 - Mode

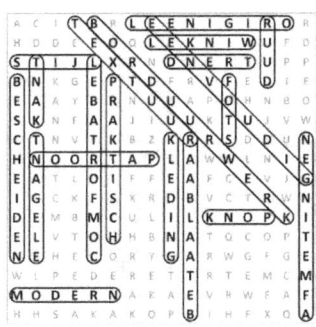

## 43 - Fleurs

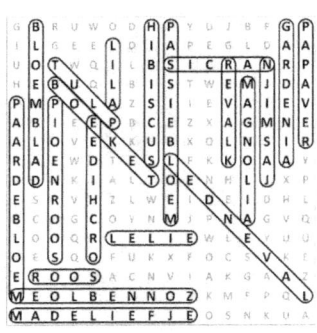

## 44 - Nourriture #2

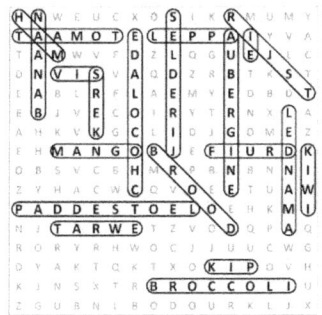

## 45 - Algèbre

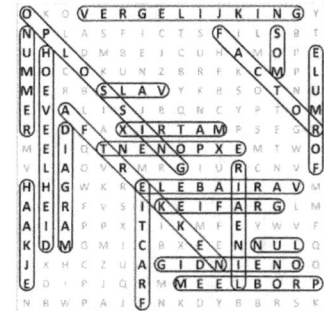

## 46 - Océan

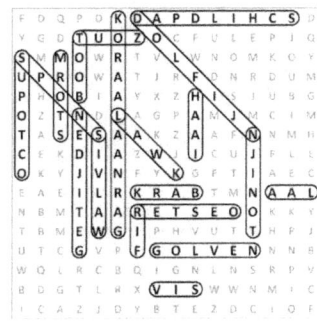

## 47 - Antiquités

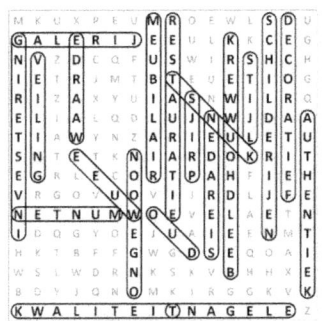

## 48 - Réchauffement Cli

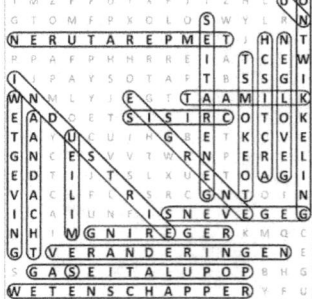

## 49 - Ballet

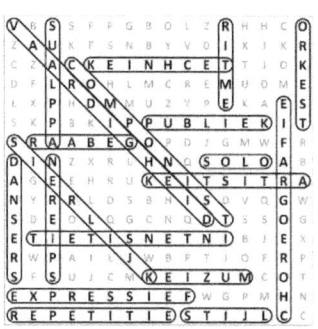

## 50 - Fruit

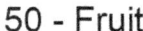
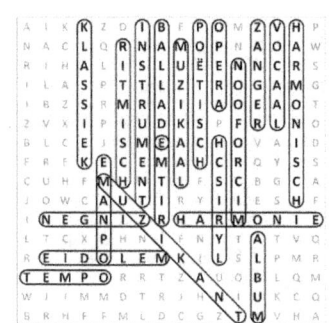

## 51 - Musique

## 52 - Météo

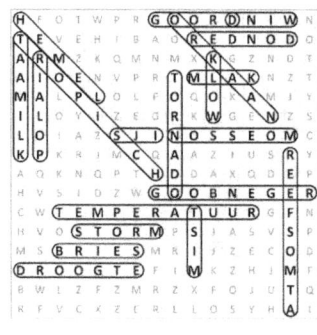

## 53 - Gouvernement

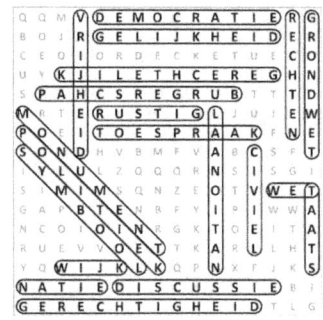

## 54 - Randonnée

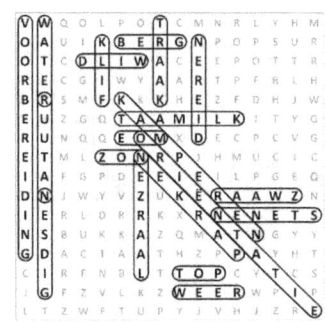

## 55 - Art

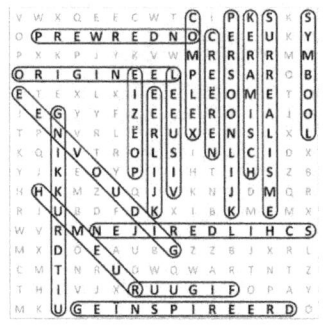

## 56 - Nutrition

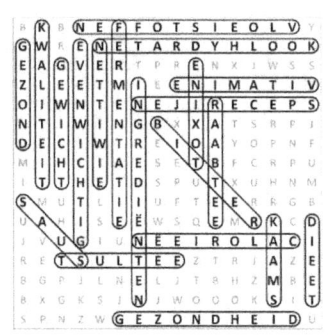

## 57 - Créativité

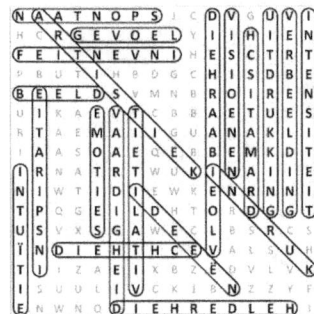

## 58 - Science Fiction

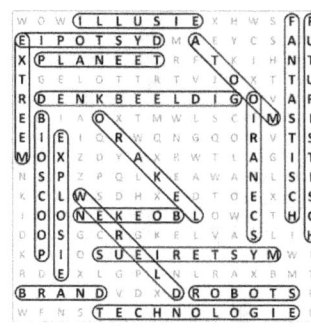

## 59 - Professions #1

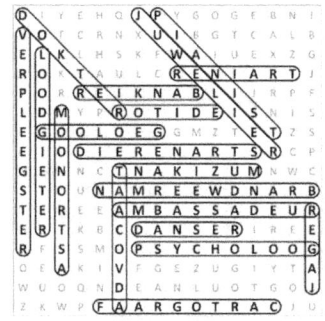

## 60 - Géologie

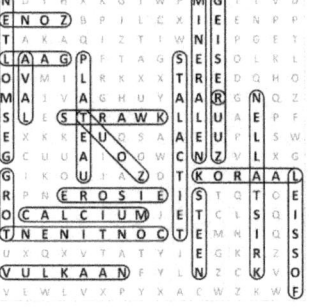

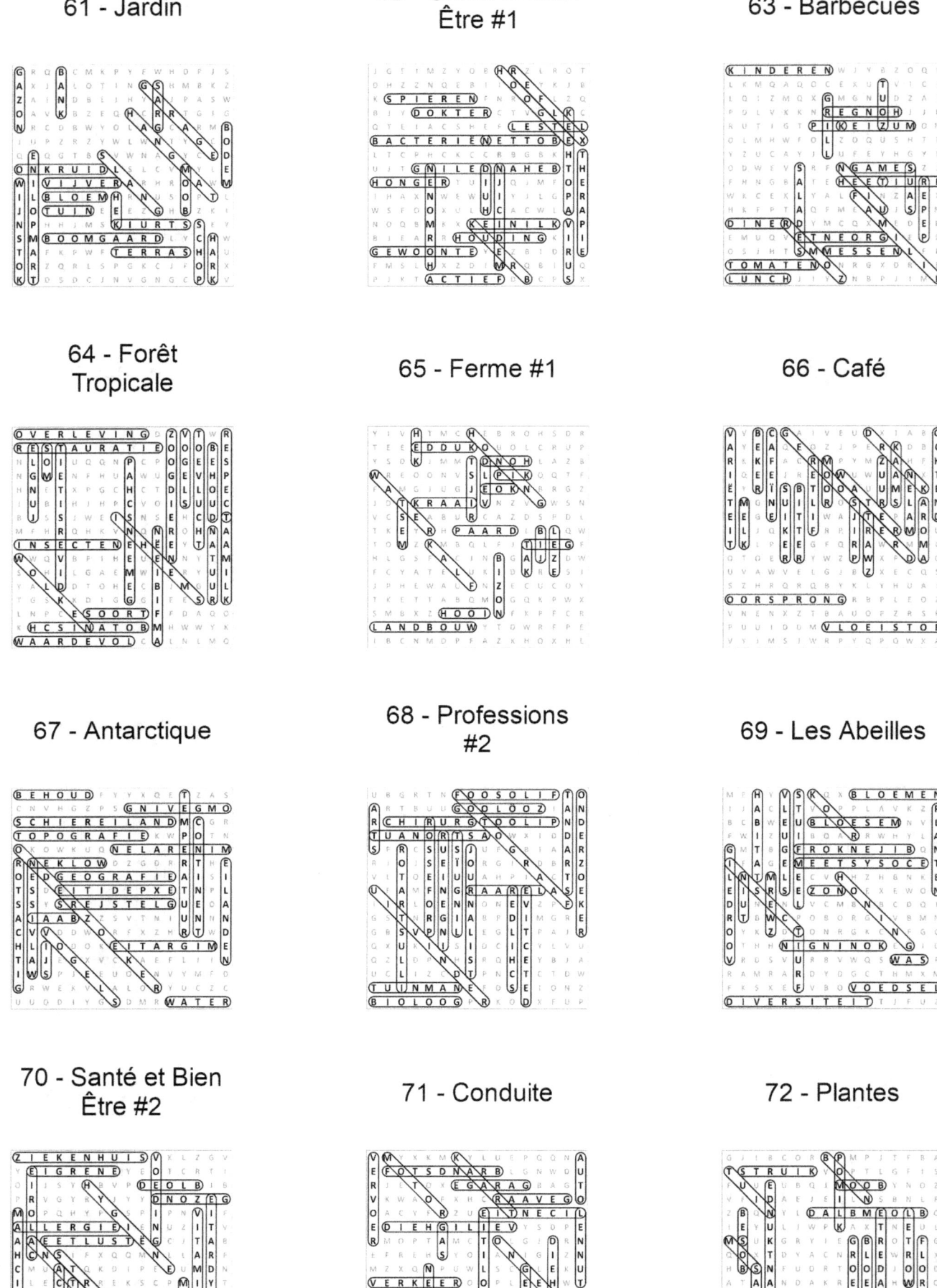

## 61 - Jardin

## 62 - Santé et Bien Être #1

## 63 - Barbecues

## 64 - Forêt Tropicale

## 65 - Ferme #1

## 66 - Café

## 67 - Antarctique

## 68 - Professions #2

## 69 - Les Abeilles

## 70 - Santé et Bien Être #2

## 71 - Conduite

## 72 - Plantes

## 73 - Ferme #2

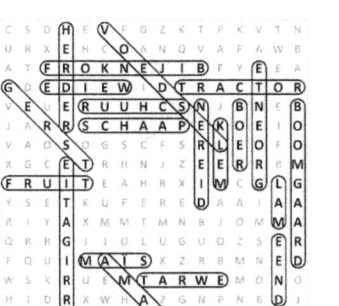

## 74 - Vacances #2

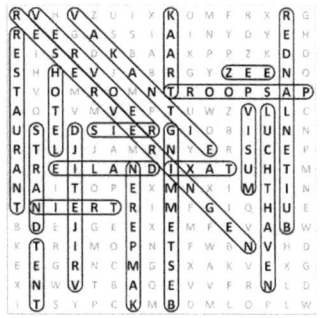

## 75 - Temps

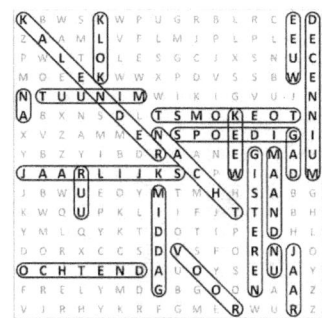

## 76 - Maison

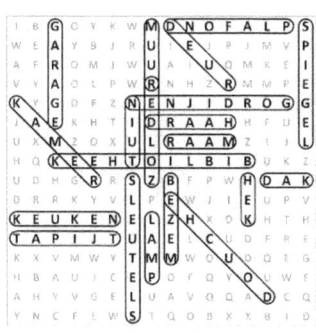

## 77 - Légumes

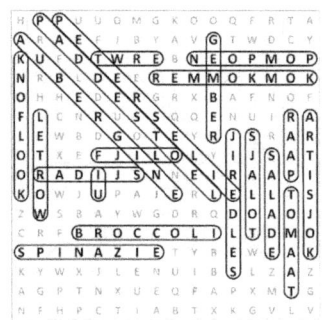

## 78 - Plage

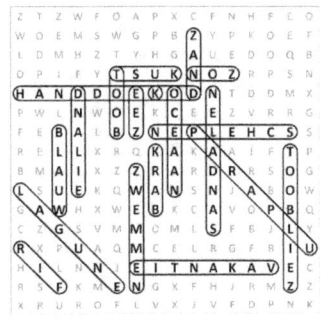

## 79 - Famille

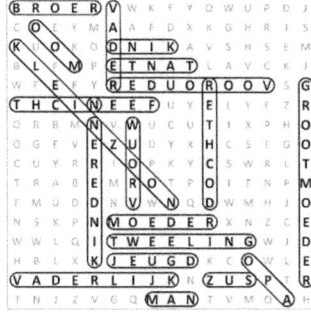

## 80 - Oiseaux

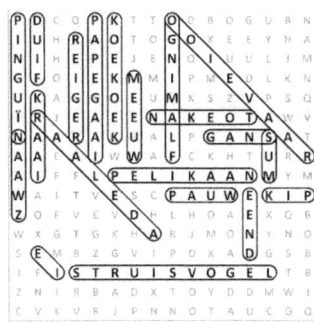

## 81 - Disciplines Scientifiques

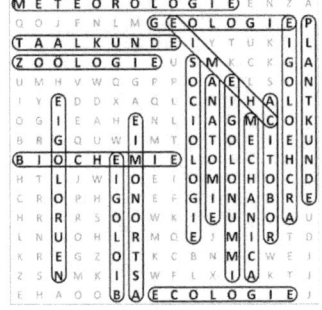

## 82 - Maladie

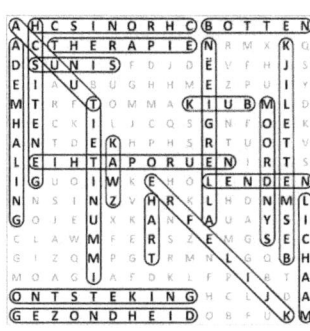

## 83 - Univers

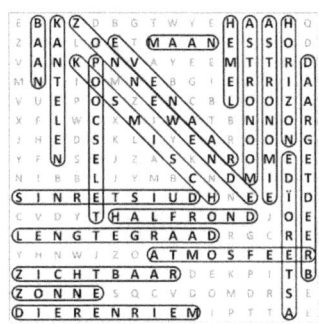

## 84 - Géographie

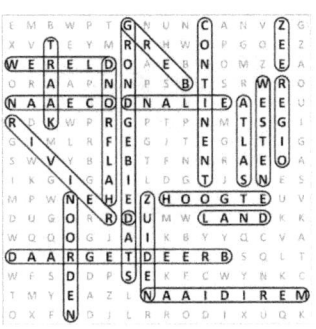

## 85 - Danse

## 86 - Bâtiments

## 87 - Activités et Loisirs

## 88 - Livres

## 89 - Pays #2

## 90 - Fournitures d'Art

## 91 - Eau

## 92 - Jazz

## 93 - Paysages

## 94 - Pays #1

## 95 - Nombres

## 96 - Psychologie

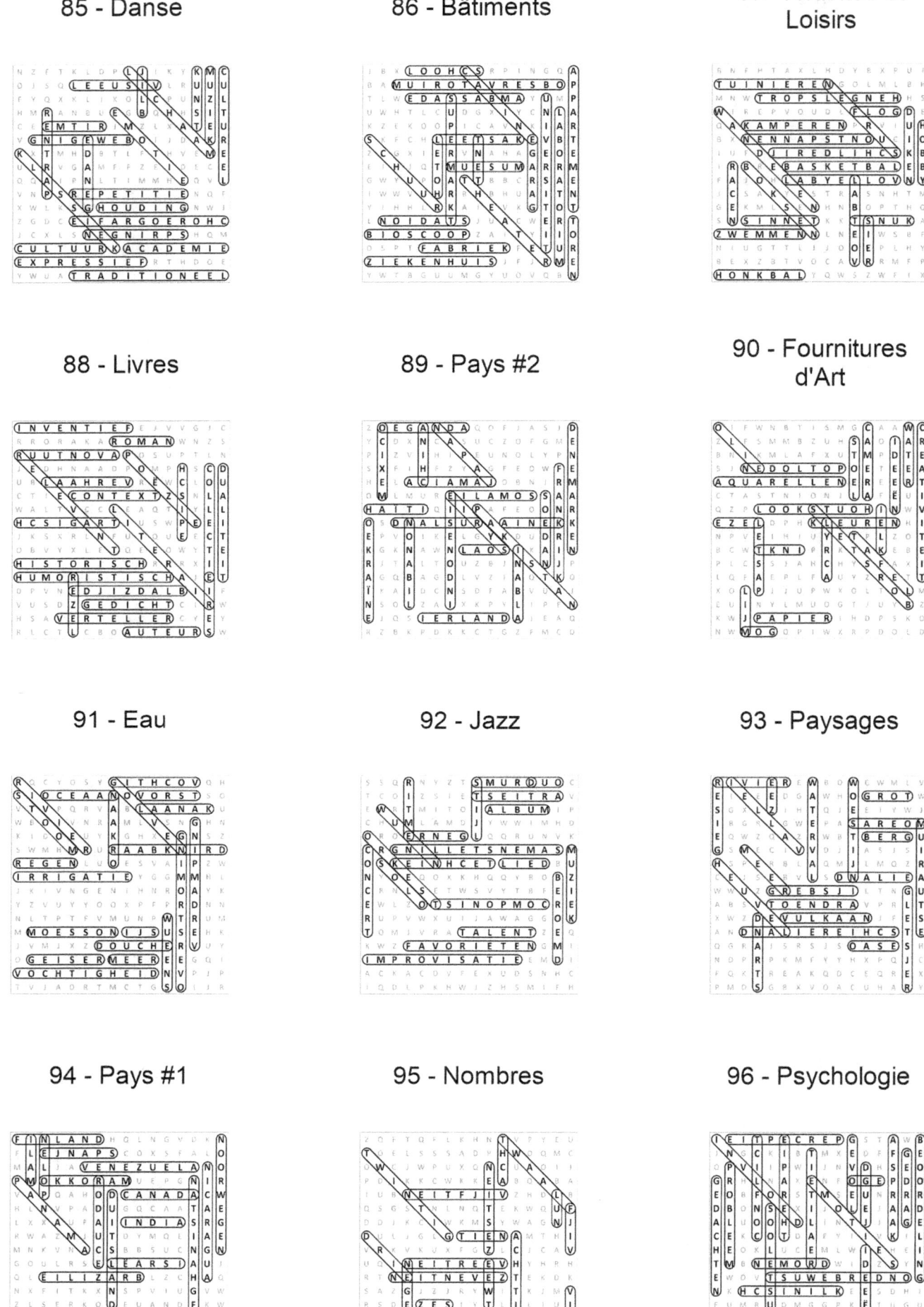

## 97 - Nature

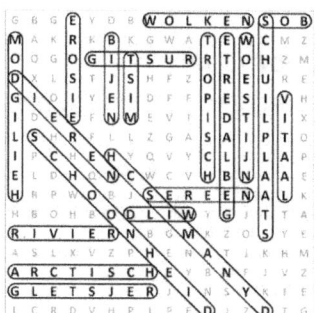

## 98 - Chimie

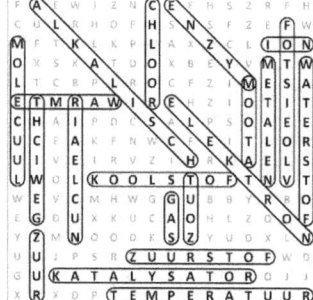

## 99 - Bateaux

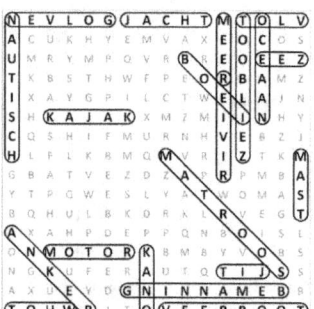

## 100 - Mesures

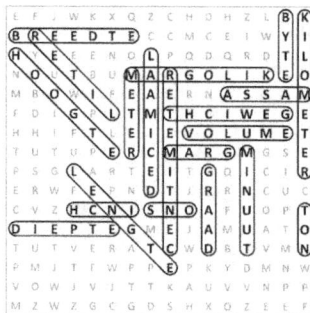

# Dictionnaire

### Activités
#### Activiteiten

| | |
|---|---|
| Activité | Activiteit |
| Art | Kunst |
| Artisanat | Ambachten |
| Camping | Kamperen |
| Céramique | Keramiek |
| Chasse | Jacht |
| Compétence | Vaardigheid |
| Couture | Naaien |
| Intérêts | Belangen |
| Jardinage | Tuinieren |
| Jeux | Games |
| Lecture | Lezen |
| Loisir | Vrije Tijd |
| Magie | Magie |
| Peinture | Schilderij |
| Pêche | Hengelsport |
| Photographie | Fotografie |
| Plaisir | Plezier |
| Randonnée | Wandelen |
| Relaxation | Ontspanning |

### Activités et Loisirs
#### Activiteiten en Vrije Ti

| | |
|---|---|
| Art | Kunst |
| Base-Ball | Honkbal |
| Basket-Ball | Basketbal |
| Boxe | Boksen |
| Camping | Kamperen |
| Course | Racen |
| Football | Voetbal |
| Golf | Golf |
| Jardinage | Tuinieren |
| Nager | Zwemmen |
| Passe-Temps | Hobby |
| Peinture | Schilderij |
| Pêche | Hengelsport |
| Plongée | Duiken |
| Randonnée | Wandelen |
| Relaxant | Ontspannen |
| Surf | Surfen |
| Tennis | Tennis |
| Volley-Ball | Volleybal |
| Voyage | Reis |

### Adjectifs #1
#### Bijvoeglijke Naamwoorden

| | |
|---|---|
| Absolu | Absoluut |
| Actif | Actief |
| Ambitieux | Ambitieus |
| Aromatique | Aromatisch |
| Artistique | Artistiek |
| Attractif | Aantrekkelijk |
| Beau | Mooi |
| Exotique | Exotisch |
| Énorme | Enorm |
| Généreux | Gul |
| Honnête | Eerlijk |
| Identique | Identiek |
| Important | Belangrijk |
| Innocent | Onschuldig |
| Jeune | Jong |
| Lent | Langzaam |
| Lourd | Zwaar |
| Mince | Dun |
| Moderne | Modern |
| Parfait | Perfect |

### Adjectifs #2
#### Bijvoeglijke Naamwoorden

| | |
|---|---|
| Authentique | Authentiek |
| Célèbre | Beroemd |
| Créatif | Creatief |
| Descriptif | Beschrijvend |
| Doué | Begaafd |
| Dramatique | Dramatisch |
| Élégant | Elegant |
| Fier | Trots |
| Fort | Sterk |
| Intéressant | Interessant |
| Naturel | Natuurlijk |
| Nouveau | Nieuw |
| Productif | Productief |
| Puissant | Krachtig |
| Pur | Zuiver |
| Sain | Gezond |
| Salé | Zout |
| Sauvage | Wild |
| Sec | Droog |
| Somnolent | Slaperig |

### Agronomie
#### Agronomie

| | |
|---|---|
| Agriculture | Landbouw |
| Croissance | Groei |
| Eau | Water |
| Engrais | Mest |
| Environnement | Omgeving |
| Écologie | Ecologie |
| Énergie | Energie |
| Érosion | Erosie |
| Étude | Studie |
| Graines | Zaden |
| Identification | Identificatie |
| Légumes | Groente |
| Maladies | Ziekten |
| Nourriture | Voedsel |
| Pollution | Vervuiling |
| Production | Productie |
| Recherche | Onderzoek |
| Rural | Landelijk |
| Science | Wetenschap |
| Systèmes | Systemen |

### Algèbre
#### Algebra

| | |
|---|---|
| Diagramme | Diagram |
| Exposant | Exponent |
| Équation | Vergelijking |
| Facteur | Factor |
| Faux | Vals |
| Formule | Formule |
| Fraction | Fractie |
| Graphique | Grafiek |
| Infini | Oneindig |
| Linéaire | Lineair |
| Matrice | Matrix |
| Nombre | Nummer |
| Parenthèse | Haakje |
| Problème | Probleem |
| Quantité | Hoeveelheid |
| Solution | Oplossing |
| Somme | Som |
| Soustraction | Aftrekken |
| Variable | Variabele |
| Zéro | Nul |

## Antarctique
### Antarctica

| | |
|---|---|
| **Baie** | Baai |
| **Baleines** | Walvissen |
| **Chercheur** | Onderzoeker |
| **Conservation** | Behoud |
| **Continent** | Continent |
| **Eau** | Water |
| **Environnement** | Omgeving |
| **Expédition** | Expeditie |
| **Géographie** | Geografie |
| **Glace** | Ijs |
| **Glaciers** | Gletsjers |
| **Îles** | Eilanden |
| **Migration** | Migratie |
| **Minéraux** | Mineralen |
| **Nuage** | Wolken |
| **Oiseaux** | Vogels |
| **Péninsule** | Schiereiland |
| **Rocheux** | Rotsachtig |
| **Température** | Temperatuur |
| **Topographie** | Topografie |

## Antiquités
### Antiek

| | |
|---|---|
| **Art** | Kunst |
| **Authentique** | Authentiek |
| **Bijoux** | Sieraden |
| **Décoratif** | Decoratief |
| **Enchères** | Veiling |
| **Élégant** | Elegant |
| **Galerie** | Galerij |
| **Inhabituel** | Ongewoon |
| **Investissement** | Investering |
| **Meubles** | Meubilair |
| **Peintures** | Schilderijen |
| **Pièces** | Munten |
| **Prix** | Prijs |
| **Qualité** | Kwaliteit |
| **Restauration** | Restauratie |
| **Sculpture** | Beeldhouwwerk |
| **Siècle** | Eeuw |
| **Style** | Stijl |
| **Valeur** | Waarde |
| **Vieux** | Oud |

## Archéologie
### Archeologie

| | |
|---|---|
| **Analyse** | Analyse |
| **Antiquité** | Oudheid |
| **Chercheur** | Onderzoeker |
| **Civilisation** | Beschaving |
| **Descendant** | Nakomeling |
| **Expert** | Deskundige |
| **Ère** | Tijdperk |
| **Équipe** | Team |
| **Évaluation** | Evaluatie |
| **Fossile** | Fossiel |
| **Inconnu** | Onbekend |
| **Mystère** | Mysterie |
| **Objets** | Objecten |
| **Os** | Botten |
| **Oublié** | Vergeten |
| **Poterie** | Aardewerk |
| **Professeur** | Professor |
| **Relique** | Relikwie |
| **Temple** | Tempel |
| **Tombe** | Graf |

## Art
### Kunst

| | |
|---|---|
| **Céramique** | Keramisch |
| **Complexe** | Complex |
| **Composition** | Samenstelling |
| **Créer** | Creëren |
| **Dépeindre** | Portretteren |
| **Expression** | Uitdrukking |
| **Figure** | Figuur |
| **Honnête** | Eerlijk |
| **Humeur** | Humeur |
| **Inspiré** | Geïnspireerd |
| **Original** | Origineel |
| **Peintures** | Schilderijen |
| **Personnel** | Persoonlijk |
| **Poésie** | Poëzie |
| **Sculpture** | Beeldhouwwerk |
| **Simple** | Eenvoudig |
| **Sujet** | Onderwerp |
| **Surréalisme** | Surrealisme |
| **Symbole** | Symbool |
| **Visuel** | Visueel |

## Arts Visuels
### Beeldende Kunsten

| | |
|---|---|
| **Architecture** | Architectuur |
| **Argile** | Klei |
| **Artiste** | Artiest |
| **Céramique** | Keramiek |
| **Chef-D'Œuvre** | Meesterwerk |
| **Chevalet** | Ezel |
| **Cire** | Was |
| **Composition** | Samenstelling |
| **Craie** | Krijt |
| **Crayon** | Potlood |
| **Créativité** | Creativiteit |
| **Film** | Film |
| **Peinture** | Schilderij |
| **Perspective** | Perspectief |
| **Pochoir** | Stencil |
| **Portrait** | Portret |
| **Poterie** | Aardewerk |
| **Sculpture** | Beeldhouwwerk |
| **Stylo** | Pen |
| **Vernis** | Vernis |

## Astronomie
### Astronomie

| | |
|---|---|
| **Astéroïde** | Asteroïde |
| **Astronaute** | Astronaut |
| **Astronome** | Astronoom |
| **Ciel** | Hemel |
| **Constellation** | Sterrenbeeld |
| **Cosmos** | Kosmos |
| **Éclipse** | Verduistering |
| **Équinoxe** | Equinox |
| **Fusée** | Raket |
| **Lune** | Maan |
| **Météore** | Meteoor |
| **Nébuleuse** | Nevel |
| **Observatoire** | Observatorium |
| **Planète** | Planeet |
| **Radiation** | Straling |
| **Satellite** | Satelliet |
| **Solaire** | Zonne |
| **Supernova** | Supernova |
| **Terre** | Aarde |
| **Univers** | Universum |

### Aventure
#### Avontuur

| | |
|---|---|
| **Activité** | Activiteit |
| **Beauté** | Schoonheid |
| **Bravoure** | Moed |
| **Chance** | Kans |
| **Dangereux** | Gevaarlijk |
| **Destination** | Bestemming |
| **Défis** | Uitdagingen |
| **Difficulté** | Moeilijkheid |
| **Enthousiasme** | Enthousiasme |
| **Excursion** | Excursie |
| **Inhabituel** | Ongewoon |
| **Itinéraire** | Reisplan |
| **Joie** | Vreugde |
| **Nature** | Natuur |
| **Navigation** | Navigatie |
| **Nouveau** | Nieuw |
| **Préparation** | Voorbereiding |
| **Sécurité** | Veiligheid |
| **Surprenant** | Verrassend |
| **Voyages** | Reizen |

### Avions
#### Vliegtuigen

| | |
|---|---|
| **Air** | Lucht |
| **Atmosphère** | Atmosfeer |
| **Atterrissage** | Landen |
| **Aventure** | Avontuur |
| **Ballon** | Ballon |
| **Carburant** | Brandstof |
| **Ciel** | Hemel |
| **Construction** | Bouw |
| **Descente** | Afdaling |
| **Direction** | Richting |
| **Équipage** | Bemanning |
| **Gonfler** | Opblazen |
| **Hauteur** | Hoogte |
| **Hélices** | Propellers |
| **Histoire** | Geschiedenis |
| **Hydrogène** | Waterstof |
| **Moteur** | Motor |
| **Passager** | Passagier |
| **Pilote** | Piloot |
| **Turbulence** | Turbulentie |

### Ballet
#### Ballet

| | |
|---|---|
| **Applaudissement** | Applaus |
| **Artistique** | Artistiek |
| **Ballerine** | Ballerina |
| **Chorégraphie** | Choreografie |
| **Compétence** | Vaardigheid |
| **Compositeur** | Componist |
| **Danseurs** | Dansers |
| **Expressif** | Expressief |
| **Geste** | Gebaar |
| **Gracieux** | Sierlijk |
| **Intensité** | Intensiteit |
| **Muscles** | Spieren |
| **Musique** | Muziek |
| **Orchestre** | Orkest |
| **Public** | Publiek |
| **Répétition** | Repetitie |
| **Rythme** | Ritme |
| **Solo** | Solo |
| **Style** | Stijl |
| **Technique** | Techniek |

### Barbecues
#### Barbecues

| | |
|---|---|
| **Chaud** | Heet |
| **Couteaux** | Messen |
| **Déjeuner** | Lunch |
| **Dîner** | Diner |
| **Enfants** | Kinderen |
| **Été** | Zomer |
| **Faim** | Honger |
| **Famille** | Familie |
| **Fruit** | Fruit |
| **Gril** | Grill |
| **Jeux** | Games |
| **Légumes** | Groente |
| **Musique** | Muziek |
| **Oignons** | Uien |
| **Poivre** | Peper |
| **Poulet** | Kip |
| **Salades** | Salades |
| **Sauce** | Saus |
| **Sel** | Zout |
| **Tomates** | Tomaten |

### Bateaux
#### Boten

| | |
|---|---|
| **Ancre** | Anker |
| **Bouée** | Boei |
| **Canoë** | Kano |
| **Corde** | Touw |
| **Équipage** | Bemanning |
| **Ferry** | Veerboot |
| **Fleuve** | Rivier |
| **Kayak** | Kajak |
| **Lac** | Meer |
| **Marée** | Tij |
| **Marin** | Matroos |
| **Mât** | Mast |
| **Mer** | Zee |
| **Moteur** | Motor |
| **Nautique** | Nautisch |
| **Océan** | Oceaan |
| **Radeau** | Vlot |
| **Vagues** | Golven |
| **Voilier** | Zeilboot |
| **Yacht** | Jacht |

### Bâtiments
#### Gebouwen

| | |
|---|---|
| **Ambassade** | Ambassade |
| **Appartement** | Appartement |
| **Cabine** | Cabine |
| **Château** | Kasteel |
| **Cinéma** | Bioscoop |
| **École** | School |
| **Garage** | Garage |
| **Grange** | Schuur |
| **Hôpital** | Ziekenhuis |
| **Hôtel** | Hotel |
| **Laboratoire** | Laboratorium |
| **Musée** | Museum |
| **Observatoire** | Observatorium |
| **Stade** | Stadion |
| **Supermarché** | Supermarkt |
| **Tente** | Tent |
| **Théâtre** | Theater |
| **Tour** | Toren |
| **Université** | Universiteit |
| **Usine** | Fabriek |

## Beauté
### Schoonheid

| | |
|---|---|
| **Boucles** | Krullen |
| **Charme** | Charme |
| **Ciseaux** | Schaar |
| **Cosmétique** | Cosmetica |
| **Couleur** | Kleur |
| **Élégance** | Elegantie |
| **Élégant** | Elegant |
| **Grâce** | Genade |
| **Huiles** | Oliën |
| **Lisse** | Glad |
| **Maquillage** | Verzinnen |
| **Mascara** | Mascara |
| **Miroir** | Spiegel |
| **Parfum** | Geur |
| **Peau** | Huid |
| **Photogénique** | Fotogeniek |
| **Rouge à Lèvres** | Lippenstift |
| **Services** | Diensten |
| **Shampooing** | Shampoo |
| **Styliste** | Stilist |

## Biologie
### Biologie

| | |
|---|---|
| **Anatomie** | Anatomie |
| **Bactéries** | Bacteriën |
| **Cellule** | Cel |
| **Chromosome** | Chromosoom |
| **Collagène** | Collageen |
| **Embryon** | Embryo |
| **Enzyme** | Enzym |
| **Évolution** | Evolutie |
| **Hormone** | Hormoon |
| **Mammifère** | Zoogdier |
| **Mutation** | Mutatie |
| **Naturel** | Natuurlijk |
| **Nerf** | Zenuw |
| **Neurone** | Neuron |
| **Osmose** | Osmose |
| **Photosynthèse** | Fotosynthese |
| **Protéine** | Eiwit |
| **Reptile** | Reptiel |
| **Symbiose** | Symbiose |
| **Synapse** | Synaps |

## Café
### Koffie

| | |
|---|---|
| **Acide** | Zuur |
| **Amer** | Bitter |
| **Arôme** | Aroma |
| **Boisson** | Drank |
| **Caféine** | Cafeïne |
| **Crème** | Room |
| **Eau** | Water |
| **Filtre** | Filter |
| **Lait** | Melk |
| **Liquide** | Vloeistof |
| **Matin** | Ochtend |
| **Moudre** | Malen |
| **Noir** | Zwart |
| **Origine** | Oorsprong |
| **Prix** | Prijs |
| **Rôti** | Geroosterd |
| **Saveur** | Smaak |
| **Sucre** | Suiker |
| **Tasse** | Beker |
| **Variété** | Variëteit |

## Camping
### Camping

| | |
|---|---|
| **Animaux** | Dieren |
| **Aventure** | Avontuur |
| **Boussole** | Kompas |
| **Cabine** | Cabine |
| **Canoë** | Kano |
| **Carte** | Kaart |
| **Chapeau** | Hoed |
| **Chasse** | Jacht |
| **Corde** | Touw |
| **Équipement** | Apparatuur |
| **Feu** | Brand |
| **Forêt** | Bos |
| **Hamac** | Hangmat |
| **Insecte** | Insect |
| **Lac** | Meer |
| **Lanterne** | Lantaarn |
| **Lune** | Maan |
| **Montagne** | Berg |
| **Nature** | Natuur |
| **Tente** | Tent |

## Chimie
### Chemie

| | |
|---|---|
| **Acide** | Zuur |
| **Alcalin** | Alkalisch |
| **Atomique** | Atoom |
| **Carbone** | Koolstof |
| **Catalyseur** | Katalysator |
| **Chaleur** | Warmte |
| **Chlore** | Chloor |
| **Enzyme** | Enzym |
| **Électron** | Elektron |
| **Gaz** | Gas |
| **Hydrogène** | Waterstof |
| **Ion** | Ion |
| **Liquide** | Vloeistof |
| **Métaux** | Metalen |
| **Molécule** | Molecuul |
| **Nucléaire** | Nucleair |
| **Oxygène** | Zuurstof |
| **Poids** | Gewicht |
| **Sel** | Zout |
| **Température** | Temperatuur |

## Chocolat
### Chocolade

| | |
|---|---|
| **Amer** | Bitter |
| **Antioxydant** | Antioxidant |
| **Arôme** | Aroma |
| **Artisanal** | Artisanaal |
| **Bonbon** | Snoep |
| **Cacahuètes** | Pinda'S |
| **Cacao** | Cacao |
| **Calories** | Calorieën |
| **Caramel** | Karamel |
| **Délicieux** | Heerlijk |
| **Doux** | Zoet |
| **Exotique** | Exotisch |
| **Favori** | Favoriet |
| **Goût** | Smaak |
| **Ingrédient** | Ingrediënt |
| **Noix de Coco** | Kokosnoot |
| **Poudre** | Poeder |
| **Qualité** | Kwaliteit |
| **Recette** | Recept |
| **Sucre** | Suiker |

### Conduite
#### Rijden

| | |
|---|---|
| **Accident** | Ongeluk |
| **Camion** | Vrachtauto |
| **Carburant** | Brandstof |
| **Carte** | Kaart |
| **Danger** | Gevaar |
| **Freins** | Remmen |
| **Garage** | Garage |
| **Gaz** | Gas |
| **Licence** | Licentie |
| **Moteur** | Motor |
| **Moto** | Motorfiets |
| **Piéton** | Voetganger |
| **Police** | Politie |
| **Route** | Weg |
| **Sécurité** | Veiligheid |
| **Trafic** | Verkeer |
| **Transport** | Vervoer |
| **Tunnel** | Tunnel |
| **Vitesse** | Snelheid |
| **Voiture** | Auto |

### Corps Humain
#### Menselijk Lichaam

| | |
|---|---|
| **Bouche** | Mond |
| **Cerveau** | Hersenen |
| **Cheville** | Enkel |
| **Cou** | Nek |
| **Coude** | Elleboog |
| **Cœur** | Hart |
| **Doigt** | Vinger |
| **Estomac** | Maag |
| **Épaule** | Schouder |
| **Genou** | Knie |
| **Lèvres** | Lippen |
| **Main** | Hand |
| **Mâchoire** | Kaak |
| **Menton** | Kin |
| **Nez** | Neus |
| **Oreille** | Oor |
| **Peau** | Huid |
| **Sang** | Bloed |
| **Tête** | Hoofd |
| **Visage** | Gezicht |

### Créativité
#### Creativiteit

| | |
|---|---|
| **Artistique** | Artistiek |
| **Authenticité** | Echtheid |
| **Clarté** | Helderheid |
| **Compétence** | Vaardigheid |
| **Dramatique** | Dramatisch |
| **Expression** | Uitdrukking |
| **Émotions** | Emoties |
| **Fluidité** | Vloeibaarheid |
| **Idées** | Ideeën |
| **Image** | Beeld |
| **Imagination** | Verbeelding |
| **Impression** | Indruk |
| **Inspiration** | Inspiratie |
| **Intensité** | Intensiteit |
| **Intuition** | Intuïtie |
| **Inventif** | Inventief |
| **Sensation** | Gevoel |
| **Spontané** | Spontaan |
| **Visions** | Visioenen |
| **Vitalité** | Vitaliteit |

### Cuisine
#### Keuken

| | |
|---|---|
| **Baguettes** | Eetstokjes |
| **Bol** | Kom |
| **Bouilloire** | Ketel |
| **Congélateur** | Vriezer |
| **Couteaux** | Messen |
| **Cruche** | Kruik |
| **Cuillères** | Lepels |
| **Épices** | Specerijen |
| **Éponge** | Spons |
| **Four** | Oven |
| **Fourchettes** | Vorken |
| **Gril** | Grill |
| **Louche** | Pollepel |
| **Nourriture** | Voedsel |
| **Pot** | Pot |
| **Recette** | Recept |
| **Réfrigérateur** | Koelkast |
| **Serviette** | Servet |
| **Tablier** | Schort |
| **Tasses** | Cup |

### Danse
#### Dans

| | |
|---|---|
| **Académie** | Academie |
| **Art** | Kunst |
| **Chorégraphie** | Choreografie |
| **Classique** | Klassiek |
| **Corps** | Lichaam |
| **Culture** | Cultuur |
| **Culturel** | Cultureel |
| **Expressif** | Expressief |
| **Émotion** | Emotie |
| **Grâce** | Genade |
| **Joyeux** | Blij |
| **Mouvement** | Beweging |
| **Musique** | Muziek |
| **Partenaire** | Partner |
| **Posture** | Houding |
| **Répétition** | Repetitie |
| **Rythme** | Ritme |
| **Saut** | Springen |
| **Traditionnel** | Traditioneel |
| **Visuel** | Visueel |

### Diplomatie
#### Diplomatie

| | |
|---|---|
| **Ambassade** | Ambassade |
| **Ambassadeur** | Ambassadeur |
| **Citoyens** | Burgers |
| **Communauté** | Gemeenschap |
| **Conflit** | Conflict |
| **Conseiller** | Adviseur |
| **Coopération** | Samenwerking |
| **Diplomatique** | Diplomatiek |
| **Discussion** | Discussie |
| **Éthique** | Ethiek |
| **Étranger** | Buitenlands |
| **Gouvernement** | Regering |
| **Humanitaire** | Humanitair |
| **Intégrité** | Integriteit |
| **Justice** | Gerechtigheid |
| **Politique** | Politiek |
| **Résolution** | Resolutie |
| **Sécurité** | Veiligheid |
| **Solution** | Oplossing |
| **Traité** | Verdrag |

## Disciplines Scientifiques
### Wetenschappelijke Discip

| | |
|---|---|
| Anatomie | Anatomie |
| Archéologie | Archeologie |
| Astronomie | Astronomie |
| Biochimie | Biochemie |
| Biologie | Biologie |
| Botanique | Plantkunde |
| Chimie | Chemie |
| Écologie | Ecologie |
| Géologie | Geologie |
| Immunologie | Immunologie |
| Linguistique | Taalkunde |
| Mécanique | Mechanica |
| Météorologie | Meteorologie |
| Minéralogie | Mineralogie |
| Neurologie | Neurologie |
| Physiologie | Fysiologie |
| Psychologie | Psychologie |
| Robotique | Robotica |
| Sociologie | Sociologie |
| Zoologie | Zoölogie |

## Eau
### Water

| | |
|---|---|
| Canal | Kanaal |
| Douche | Douche |
| Évaporation | Verdamping |
| Fleuve | Rivier |
| Gel | Vorst |
| Geyser | Geiser |
| Glace | Ijs |
| Humide | Vochtig |
| Humidité | Vochtigheid |
| Inondation | Overstroming |
| Irrigation | Irrigatie |
| Lac | Meer |
| Mousson | Moesson |
| Neige | Sneeuw |
| Océan | Oceaan |
| Ouragan | Orkaan |
| Pluie | Regen |
| Potable | Drinkbaar |
| Vagues | Golven |
| Vapeur | Stoom |

## Entreprise
### Zakelijk

| | |
|---|---|
| Argent | Geld |
| Boutique | Winkel |
| Budget | Begroting |
| Bureau | Kantoor |
| Carrière | Carrière |
| Coût | Kosten |
| Devise | Valuta |
| Employeur | Werkgever |
| Employé | Werknemer |
| Entreprise | Bedrijf |
| Économie | Economie |
| Finance | Financiën |
| Impôts | Belastingen |
| Investissement | Investering |
| Marchandise | Handelswaar |
| Profit | Winst |
| Revenu | Inkomen |
| Transaction | Transactie |
| Usine | Fabriek |
| Vente | Verkoop |

## Échecs
### Schaken

| | |
|---|---|
| Adversaire | Tegenstander |
| Apprendre | Leren |
| Blanc | Wit |
| Champion | Kampioen |
| Concours | Wedstrijd |
| Défis | Uitdagingen |
| Diagonal | Diagonaal |
| Intelligent | Slim |
| Jeu | Spel |
| Joueur | Speler |
| Noir | Zwart |
| Passif | Passief |
| Points | Punten |
| Reine | Koningin |
| Règles | Reglement |
| Roi | Koning |
| Sacrifice | Offer |
| Stratégie | Strategie |
| Temps | Tijd |
| Tournoi | Toernooi |

## Énergie
### Energie

| | |
|---|---|
| Batterie | Accu |
| Carbone | Koolstof |
| Carburant | Brandstof |
| Chaleur | Warmte |
| Diesel | Diesel |
| Entropie | Entropie |
| Environnement | Omgeving |
| Essence | Benzine |
| Électrique | Elektrisch |
| Électron | Elektron |
| Hydrogène | Waterstof |
| Industrie | Industrie |
| Moteur | Motor |
| Nucléaire | Nucleair |
| Photon | Foton |
| Pollution | Vervuiling |
| Renouvelable | Hernieuwbaar |
| Soleil | Zon |
| Turbine | Turbine |
| Vent | Wind |

## Épices
### Specerijen

| | |
|---|---|
| Aigre | Zuur |
| Ail | Knoflook |
| Amer | Bitter |
| Anis | Anijs |
| Cannelle | Kaneel |
| Cardamome | Kardemom |
| Coriandre | Koriander |
| Cumin | Komijn |
| Curry | Kerrie |
| Fenouil | Venkel |
| Gingembre | Gember |
| Muscade | Nootmuskaat |
| Oignon | Ui |
| Paprika | Paprika |
| Poivre | Peper |
| Réglisse | Drop |
| Safran | Saffraan |
| Saveur | Smaak |
| Sel | Zout |
| Vanille | Vanille |

## Famille
### Familie

| | |
|---|---|
| **Ancêtre** | Voorouder |
| **Enfance** | Jeugd |
| **Enfant** | Kind |
| **Enfants** | Kinderen |
| **Femme** | Vrouw |
| **Fille** | Dochter |
| **Frère** | Broer |
| **Grand-Mère** | Grootmoeder |
| **Grand-Père** | Opa |
| **Jumeaux** | Tweeling |
| **Mari** | Man |
| **Mère** | Moeder |
| **Neveu** | Neef |
| **Nièce** | Nicht |
| **Oncle** | Oom |
| **Paternel** | Vaderlijk |
| **Petit-Fils** | Kleinzoon |
| **Père** | Vader |
| **Soeur** | Zus |
| **Tante** | Tante |

## Ferme #1
### Boerderij #1

| | |
|---|---|
| **Abeille** | Bij |
| **Agriculture** | Landbouw |
| **Âne** | Ezel |
| **Bison** | Bizon |
| **Champ** | Veld |
| **Chat** | Kat |
| **Cheval** | Paard |
| **Chèvre** | Geit |
| **Chien** | Hond |
| **Clôture** | Hek |
| **Corbeau** | Kraai |
| **Eau** | Water |
| **Engrais** | Mest |
| **Foin** | Hooi |
| **Miel** | Honing |
| **Poulet** | Kip |
| **Riz** | Rijst |
| **Troupeau** | Kudde |
| **Vache** | Koe |
| **Veau** | Kalf |

## Ferme #2
### Boerderij #2

| | |
|---|---|
| **Agneau** | Lam |
| **Agriculteur** | Boer |
| **Animaux** | Dieren |
| **Berger** | Herder |
| **Blé** | Tarwe |
| **Canard** | Eend |
| **Fruit** | Fruit |
| **Grange** | Schuur |
| **Irrigation** | Irrigatie |
| **Lait** | Melk |
| **Lama** | Lama |
| **Légume** | Groente |
| **Maïs** | Maïs |
| **Mouton** | Schaap |
| **Nourriture** | Voedsel |
| **Orge** | Gerst |
| **Pré** | Weide |
| **Ruche** | Bijenkorf |
| **Tracteur** | Tractor |
| **Verger** | Boomgaard |

## Fleurs
### Bloemen

| | |
|---|---|
| **Bouquet** | Boeket |
| **Gardénia** | Gardenia |
| **Hibiscus** | Hibiscus |
| **Jasmin** | Jasmijn |
| **Jonquille** | Narcis |
| **Lavande** | Lavendel |
| **Lilas** | Lila |
| **Lys** | Lelie |
| **Magnolia** | Magnolia |
| **Marguerite** | Madeliefje |
| **Orchidée** | Orchidee |
| **Passiflore** | Passiebloem |
| **Pavot** | Papaver |
| **Pétale** | Bloemblad |
| **Pissenlit** | Paardebloem |
| **Pivoine** | Pioenroos |
| **Rose** | Roos |
| **Tournesol** | Zonnebloem |
| **Trèfle** | Klaver |
| **Tulipe** | Tulp |

## Force et Gravité
### Kracht en Zwaartekracht

| | |
|---|---|
| **Axe** | As |
| **Centre** | Centrum |
| **Découverte** | Ontdekking |
| **Distance** | Afstand |
| **Dynamique** | Dynamisch |
| **Expansion** | Uitbreiding |
| **Friction** | Wrijving |
| **Impact** | Impact |
| **Magnétisme** | Magnetisme |
| **Mécanique** | Mechanica |
| **Mouvement** | Beweging |
| **Orbite** | Baan |
| **Physique** | Natuurkunde |
| **Planètes** | Planeten |
| **Poids** | Gewicht |
| **Pression** | Druk |
| **Propriétés** | Eigendommen |
| **Temps** | Tijd |
| **Universel** | Universeel |
| **Vitesse** | Snelheid |

## Forêt Tropicale
### Regenwoud

| | |
|---|---|
| **Amphibiens** | Amfibieën |
| **Botanique** | Botanisch |
| **Climat** | Klimaat |
| **Communauté** | Gemeenschap |
| **Diversité** | Diversiteit |
| **Espèce** | Soort |
| **Indigène** | Inheems |
| **Insectes** | Insecten |
| **Jungle** | Jungle |
| **Mammifères** | Zoogdieren |
| **Mousse** | Mos |
| **Nature** | Natuur |
| **Nuage** | Wolken |
| **Oiseaux** | Vogels |
| **Précieux** | Waardevol |
| **Préservation** | Behoud |
| **Refuge** | Toevlucht |
| **Respect** | Respect |
| **Restauration** | Restauratie |
| **Survie** | Overleving |

## Formes
### Vormen

| | |
|---|---|
| Arc | Boog |
| Bords | Randen |
| Carré | Vierkant |
| Cercle | Cirkel |
| Coin | Hoek |
| Courbe | Curve |
| Cône | Kegel |
| Côté | Kant |
| Cube | Kubus |
| Cylindre | Cilinder |
| Hyperbole | Hyperbool |
| Ligne | Lijn |
| Ovale | Ovaal |
| Polygone | Veelhoek |
| Prisme | Prisma |
| Pyramide | Piramide |
| Rectangle | Rechthoek |
| Rond | Ronde |
| Sphère | Bol |
| Triangle | Driehoek |

## Fournitures d'Art
### Kunstbenodigdheden

| | |
|---|---|
| Acrylique | Acryl |
| Aquarelles | Aquarellen |
| Argile | Klei |
| Brosses | Borstels |
| Caméra | Camera |
| Chaise | Stoel |
| Charbon | Houtskool |
| Chevalet | Ezel |
| Colle | Lijm |
| Couleurs | Kleuren |
| Crayons | Potloden |
| Créativité | Creativiteit |
| Eau | Water |
| Encre | Inkt |
| Gomme | Gom |
| Huile | Olie |
| Idées | Ideeën |
| Papier | Papier |
| Pastels | Pastel |
| Table | Tafel |

## Fruit
### Fruit

| | |
|---|---|
| Abricot | Abrikoos |
| Ananas | Ananas |
| Avocat | Avocado |
| Baie | Bes |
| Banane | Banaan |
| Cerise | Kers |
| Citron | Citroen |
| Figue | Vijg |
| Framboise | Framboos |
| Goyave | Guave |
| Kiwi | Kiwi |
| Mangue | Mango |
| Melon | Meloen |
| Nectarine | Nectarine |
| Orange | Oranje |
| Papaye | Papaja |
| Pêche | Perzik |
| Poire | Peer |
| Pomme | Appel |
| Raisin | Druif |

## Géographie
### Geografie

| | |
|---|---|
| Altitude | Hoogte |
| Atlas | Atlas |
| Carte | Kaart |
| Continent | Continent |
| Fleuve | Rivier |
| Hémisphère | Halfrond |
| Île | Eiland |
| Latitude | Breedtegraad |
| Mer | Zee |
| Méridien | Meridiaan |
| Monde | Wereld |
| Montagne | Berg |
| Nord | Noorden |
| Océan | Oceaan |
| Ouest | Westen |
| Pays | Land |
| Région | Regio |
| Sud | Zuiden |
| Territoire | Grondgebied |
| Ville | Stad |

## Géologie
### Geologie

| | |
|---|---|
| Acide | Zuur |
| Calcium | Calcium |
| Caverne | Grot |
| Continent | Continent |
| Corail | Koraal |
| Couche | Laag |
| Cristaux | Kristallen |
| Érosion | Erosie |
| Fondu | Gesmolten |
| Fossile | Fossiel |
| Geyser | Geiser |
| Lave | Lava |
| Minéraux | Mineralen |
| Pierre | Steen |
| Plateau | Plateau |
| Quartz | Kwarts |
| Sel | Zout |
| Stalactite | Stalactiet |
| Volcan | Vulkaan |
| Zone | Zone |

## Géométrie
### Geometrie

| | |
|---|---|
| Angle | Hoek |
| Calcul | Berekening |
| Cercle | Cirkel |
| Courbe | Curve |
| Diamètre | Diameter |
| Dimension | Dimensie |
| Équation | Vergelijking |
| Hauteur | Hoogte |
| Logique | Logica |
| Masse | Massa |
| Médian | Mediaan |
| Nombre | Nummer |
| Parallèle | Parallel |
| Proportion | Proportie |
| Segment | Segment |
| Surface | Oppervlak |
| Symétrie | Symmetrie |
| Théorie | Theorie |
| Triangle | Driehoek |
| Vertical | Verticaal |

## Gouvernement
### Overheid

| | |
|---|---|
| **Citoyenneté** | Burgerschap |
| **Civil** | Civiel |
| **Constitution** | Grondwet |
| **Démocratie** | Democratie |
| **Discours** | Toespraak |
| **Discussion** | Discussie |
| **District** | Wijk |
| **Droits** | Rechten |
| **Égalité** | Gelijkheid |
| **État** | Staat |
| **Judiciaire** | Gerechtelijk |
| **Justice** | Gerechtigheid |
| **Liberté** | Vrijheid |
| **Loi** | Wet |
| **Monument** | Monument |
| **Nation** | Natie |
| **National** | Nationaal |
| **Paisible** | Rustig |
| **Politique** | Politiek |
| **Symbole** | Symbool |

## Herboristerie
### Herbalisme

| | |
|---|---|
| **Ail** | Knoflook |
| **Aromatique** | Aromatisch |
| **Basilic** | Basilicum |
| **Bénéfique** | Voordelig |
| **Culinaire** | Culinair |
| **Estragon** | Dragon |
| **Fenouil** | Venkel |
| **Fleur** | Bloem |
| **Ingrédient** | Ingrediënt |
| **Jardin** | Tuin |
| **Lavande** | Lavendel |
| **Marjolaine** | Marjolein |
| **Menthe** | Munt |
| **Persil** | Peterselie |
| **Qualité** | Kwaliteit |
| **Romarin** | Rozemarijn |
| **Safran** | Saffraan |
| **Saveur** | Smaak |
| **Thym** | Tijm |
| **Vert** | Groen |

## Ingénierie
### Engineering

| | |
|---|---|
| **Angle** | Hoek |
| **Axe** | As |
| **Calcul** | Berekening |
| **Construction** | Bouw |
| **Diagramme** | Diagram |
| **Diamètre** | Diameter |
| **Diesel** | Diesel |
| **Distribution** | Distributie |
| **Engrenages** | Versnellingen |
| **Énergie** | Energie |
| **Force** | Kracht |
| **Liquide** | Vloeistof |
| **Machine** | Machine |
| **Mesure** | Meting |
| **Moteur** | Motor |
| **Profondeur** | Diepte |
| **Propulsion** | Voortstuwing |
| **Rotation** | Rotatie |
| **Stabilité** | Stabiliteit |
| **Structure** | Structuur |

## Instruments de Musique
### Muziekinstrumenten

| | |
|---|---|
| **Banjo** | Banjo |
| **Basson** | Fagot |
| **Clarinette** | Klarinet |
| **Flûte** | Fluit |
| **Gong** | Gong |
| **Guitare** | Gitaar |
| **Harmonica** | Mondharmonica |
| **Harpe** | Harp |
| **Hautbois** | Hobo |
| **Mandoline** | Mandoline |
| **Marimba** | Marimba |
| **Percussion** | Percussie |
| **Piano** | Piano |
| **Saxophone** | Saxofoon |
| **Tambour** | Trommel |
| **Tambourin** | Tamboerijn |
| **Trombone** | Trombone |
| **Trompette** | Trompet |
| **Violon** | Viool |
| **Violoncelle** | Cello |

## Jardin
### Tuin

| | |
|---|---|
| **Arbre** | Boom |
| **Banc** | Bank |
| **Buisson** | Struik |
| **Clôture** | Hek |
| **Étang** | Vijver |
| **Fleur** | Bloem |
| **Garage** | Garage |
| **Hamac** | Hangmat |
| **Herbe** | Gras |
| **Jardin** | Tuin |
| **Mauvaises Herbes** | Onkruid |
| **Pelle** | Schop |
| **Pelouse** | Gazon |
| **Râteau** | Hark |
| **Sol** | Bodem |
| **Terrasse** | Terras |
| **Trampoline** | Trampoline |
| **Tuyau** | Slang |
| **Verger** | Boomgaard |
| **Vigne** | Wijnstok |

## Jazz
### Jazz

| | |
|---|---|
| **Album** | Album |
| **Artiste** | Artiest |
| **Célèbre** | Beroemd |
| **Chanson** | Lied |
| **Compositeur** | Componist |
| **Composition** | Samenstelling |
| **Concert** | Concert |
| **Favoris** | Favorieten |
| **Genre** | Genre |
| **Improvisation** | Improvisatie |
| **Musique** | Muziek |
| **Nouveau** | Nieuw |
| **Orchestre** | Orkest |
| **Rythme** | Ritme |
| **Solo** | Solo |
| **Style** | Stijl |
| **Talent** | Talent |
| **Tambours** | Drums |
| **Technique** | Techniek |
| **Vieux** | Oud |

## Jours et Mois
### Dagen en Maanden

| | |
|---|---|
| **Août** | Augustus |
| **Avril** | April |
| **Calendrier** | Kalender |
| **Dimanche** | Zondag |
| **Février** | Februari |
| **Janvier** | Januari |
| **Jeudi** | Donderdag |
| **Juillet** | Juli |
| **Juin** | Juni |
| **Lundi** | Maandag |
| **Mardi** | Dinsdag |
| **Mars** | Maart |
| **Mercredi** | Woensdag |
| **Mois** | Maand |
| **Novembre** | November |
| **Octobre** | Oktober |
| **Samedi** | Zaterdag |
| **Semaine** | Week |
| **Septembre** | September |
| **Vendredi** | Vrijdag |

## Les Abeilles
### Bijen

| | |
|---|---|
| **Ailes** | Vleugels |
| **Bénéfique** | Voordelig |
| **Cire** | Was |
| **Diversité** | Diversiteit |
| **Essaim** | Zwerm |
| **Écosystème** | Ecosysteem |
| **Fleur** | Bloesem |
| **Fleurs** | Bloemen |
| **Fruit** | Fruit |
| **Fumée** | Rook |
| **Habitat** | Habitat |
| **Insecte** | Insect |
| **Jardin** | Tuin |
| **Miel** | Honing |
| **Nourriture** | Voedsel |
| **Plantes** | Planten |
| **Pollen** | Stuifmeel |
| **Reine** | Koningin |
| **Ruche** | Bijenkorf |
| **Soleil** | Zon |

## Les Médias
### De Media

| | |
|---|---|
| **Attitudes** | Houding |
| **Commercial** | Commercieel |
| **Communication** | Communicatie |
| **En Ligne** | Online |
| **Édition** | Editie |
| **Éducation** | Onderwijs |
| **Faits** | Feiten |
| **Financement** | Financiering |
| **Individuel** | Individueel |
| **Industrie** | Industrie |
| **Intellectuel** | Intellectueel |
| **Journaux** | Kranten |
| **Local** | Lokaal |
| **Numérique** | Digitaal |
| **Opinion** | Mening |
| **Photos** | Foto'S |
| **Public** | Publiek |
| **Radio** | Radio |
| **Réseau** | Netwerk |
| **Télévision** | Televisie |

## Légumes
### Groenten

| | |
|---|---|
| **Ail** | Knoflook |
| **Artichaut** | Artisjok |
| **Aubergine** | Aubergine |
| **Brocoli** | Broccoli |
| **Carotte** | Wortel |
| **Céleri** | Selderij |
| **Champignon** | Paddestoel |
| **Citrouille** | Pompoen |
| **Concombre** | Komkommer |
| **Échalote** | Sjalot |
| **Épinard** | Spinazie |
| **Gingembre** | Gember |
| **Navet** | Raap |
| **Oignon** | Ui |
| **Olive** | Olijf |
| **Persil** | Peterselie |
| **Pois** | Erwt |
| **Radis** | Radijs |
| **Salade** | Salade |
| **Tomate** | Tomaat |

## Littérature
### Literatuur

| | |
|---|---|
| **Analogie** | Analogie |
| **Analyse** | Analyse |
| **Anecdote** | Anekdote |
| **Auteur** | Auteur |
| **Biographie** | Biografie |
| **Comparaison** | Vergelijking |
| **Conclusion** | Conclusie |
| **Description** | Omschrijving |
| **Dialogue** | Dialoog |
| **Fiction** | Fictie |
| **Métaphore** | Metafoor |
| **Narrateur** | Verteller |
| **Poème** | Gedicht |
| **Poétique** | Poëtisch |
| **Rime** | Rijm |
| **Roman** | Roman |
| **Rythme** | Ritme |
| **Style** | Stijl |
| **Thème** | Thema |
| **Tragédie** | Tragedie |

## Livres
### Boeken

| | |
|---|---|
| **Auteur** | Auteur |
| **Aventure** | Avontuur |
| **Collection** | Collectie |
| **Contexte** | Context |
| **Dualité** | Dualiteit |
| **Épique** | Episch |
| **Histoire** | Verhaal |
| **Historique** | Historisch |
| **Humoristique** | Humoristisch |
| **Inventif** | Inventief |
| **Lecteur** | Lezer |
| **Littéraire** | Literair |
| **Narrateur** | Verteller |
| **Page** | Bladzijde |
| **Pertinent** | Relevant |
| **Poème** | Gedicht |
| **Poésie** | Poëzie |
| **Roman** | Roman |
| **Série** | Serie |
| **Tragique** | Tragisch |

## Maison
### Huis

| | |
|---|---|
| **Balai** | Bezem |
| **Bibliothèque** | Bibliotheek |
| **Chambre** | Kamer |
| **Cheminée** | Haard |
| **Clés** | Sleutels |
| **Clôture** | Hek |
| **Cuisine** | Keuken |
| **Douche** | Douche |
| **Fenêtre** | Raam |
| **Garage** | Garage |
| **Grenier** | Zolder |
| **Jardin** | Tuin |
| **Lampe** | Lamp |
| **Miroir** | Spiegel |
| **Mur** | Muur |
| **Plafond** | Plafond |
| **Porte** | Deur |
| **Rideaux** | Gordijnen |
| **Tapis** | Tapijt |
| **Toit** | Dak |

## Maladie
### Ziekte

| | |
|---|---|
| **Abdominal** | Buik |
| **Aigu** | Acuut |
| **Allergies** | Allergieën |
| **Chronique** | Chronisch |
| **Contagieux** | Besmettelijk |
| **Corps** | Lichaam |
| **Cœur** | Hart |
| **Faible** | Zwak |
| **Génétique** | Genetisch |
| **Héréditaire** | Erfelijk |
| **Immunité** | Immuniteit |
| **Inflammation** | Ontsteking |
| **Lombaire** | Lenden- |
| **Neuropathie** | Neuropathie |
| **Os** | Botten |
| **Respiratoire** | Ademhaling |
| **Santé** | Gezondheid |
| **Sinus** | Sinus |
| **Syndrome** | Syndroom |
| **Thérapie** | Therapie |

## Mammifères
### Zoogdieren

| | |
|---|---|
| **Baleine** | Walvis |
| **Chat** | Kat |
| **Cheval** | Paard |
| **Chien** | Hond |
| **Coyote** | Coyote |
| **Dauphin** | Dolfijn |
| **Éléphant** | Olifant |
| **Girafe** | Giraf |
| **Gorille** | Gorilla |
| **Kangourou** | Kangoeroe |
| **Lapin** | Konijn |
| **Lion** | Leeuw |
| **Loup** | Wolf |
| **Mouton** | Schaap |
| **Ours** | Beer |
| **Renard** | Vos |
| **Singe** | Aap |
| **Taureau** | Stier |
| **Tigre** | Tijger |
| **Zèbre** | Zebra |

## Mathématiques
### Wiskunde

| | |
|---|---|
| **Angles** | Hoeken |
| **Arithmétique** | Rekenkundig |
| **Carré** | Vierkant |
| **Circonférence** | Omtrek |
| **Décimal** | Decimaal |
| **Diamètre** | Diameter |
| **Exposant** | Exponent |
| **Équation** | Vergelijking |
| **Fraction** | Fractie |
| **Géométrie** | Geometrie |
| **Parallèle** | Parallel |
| **Perpendiculaire** | Loodrecht |
| **Polygone** | Veelhoek |
| **Rayon** | Straal |
| **Rectangle** | Rechthoek |
| **Somme** | Som |
| **Sphère** | Bol |
| **Symétrie** | Symmetrie |
| **Triangle** | Driehoek |
| **Volume** | Volume |

## Mesures
### Metingen

| | |
|---|---|
| **Centimètre** | Centimeter |
| **Degré** | Graad |
| **Décimal** | Decimaal |
| **Gramme** | Gram |
| **Hauteur** | Hoogte |
| **Kilogramme** | Kilogram |
| **Kilomètre** | Kilometer |
| **Largeur** | Breedte |
| **Litre** | Liter |
| **Longueur** | Lengte |
| **Masse** | Massa |
| **Mètre** | Meter |
| **Minute** | Minuut |
| **Octet** | Byte |
| **Once** | Ons |
| **Poids** | Gewicht |
| **Pouce** | Inch |
| **Profondeur** | Diepte |
| **Tonne** | Ton |
| **Volume** | Volume |

## Méditation
### Meditatie

| | |
|---|---|
| **Acceptation** | Aanvaarding |
| **Attention** | Aandacht |
| **Calme** | Kalm |
| **Clarté** | Helderheid |
| **Compassion** | Mededogen |
| **Esprit** | Geest |
| **Émotions** | Emoties |
| **Éveillé** | Wakker |
| **Gratitude** | Dankbaarheid |
| **Mental** | Mentaal |
| **Mouvement** | Beweging |
| **Musique** | Muziek |
| **Nature** | Natuur |
| **Observation** | Observatie |
| **Paix** | Vrede |
| **Pensées** | Gedachten |
| **Perspective** | Perspectief |
| **Posture** | Houding |
| **Respiration** | Ademhaling |
| **Silence** | Stilte |

## Météo
### Weersomstandigheden

| | |
|---|---|
| Arc-En-Ciel | Regenboog |
| Atmosphère | Atmosfeer |
| Brise | Bries |
| Brouillard | Mist |
| Calme | Kalm |
| Ciel | Hemel |
| Climat | Klimaat |
| Glace | Ijs |
| Mousson | Moesson |
| Nuage | Wolk |
| Ouragan | Orkaan |
| Polaire | Polair |
| Sec | Droog |
| Sécheresse | Droogte |
| Température | Temperatuur |
| Tempête | Storm |
| Tonnerre | Donder |
| Tornade | Tornado |
| Tropical | Tropisch |
| Vent | Wind |

## Mode
### Mode

| | |
|---|---|
| Abordable | Betaalbaar |
| Boutique | Winkel |
| Boutons | Knop |
| Broderie | Borduurwerk |
| Cher | Duur |
| Confortable | Comfortabel |
| Dentelle | Kant |
| Élégant | Elegant |
| Mesures | Afmetingen |
| Moderne | Modern |
| Modeste | Bescheiden |
| Modèle | Patroon |
| Original | Origineel |
| Pratique | Praktisch |
| Simple | Eenvoudig |
| Style | Stijl |
| Tendance | Trend |
| Texture | Textuur |
| Tissu | Stof |
| Vêtements | Kleding |

## Musique
### Muziek

| | |
|---|---|
| Album | Album |
| Ballade | Ballade |
| Chanter | Zingen |
| Chanteur | Zanger |
| Classique | Klassiek |
| Enregistrement | Opname |
| Harmonie | Harmonie |
| Harmonique | Harmonisch |
| Instrument | Instrument |
| Lyrique | Lyrisch |
| Mélodie | Melodie |
| Microphone | Microfoon |
| Musical | Muzikaal |
| Musicien | Muzikant |
| Opéra | Opera |
| Poétique | Poëtisch |
| Rythme | Ritme |
| Rythmique | Ritmisch |
| Tempo | Tempo |
| Vocal | Vocaal |

## Mythologie
### Mythologie

| | |
|---|---|
| Archétype | Archetype |
| Catastrophe | Ramp |
| Comportement | Gedrag |
| Création | Creatie |
| Créature | Wezen |
| Croyances | Overtuigingen |
| Culture | Cultuur |
| Éclair | Bliksem |
| Force | Kracht |
| Guerrier | Krijger |
| Héroïne | Heldin |
| Héros | Held |
| Jalousie | Jaloezie |
| Labyrinthe | Doolhof |
| Légende | Legende |
| Magique | Magisch |
| Monstre | Monster |
| Mortel | Sterfelijk |
| Tonnerre | Donder |
| Vengeance | Wraak |

## Nature
### Natuur

| | |
|---|---|
| Abeilles | Bijen |
| Abri | Schuilplaats |
| Animaux | Dieren |
| Arctique | Arctisch |
| Beauté | Schoonheid |
| Brouillard | Mist |
| Désert | Woestijn |
| Dynamique | Dynamisch |
| Érosion | Erosie |
| Feuillage | Gebladerte |
| Fleuve | Rivier |
| Forêt | Bos |
| Glacier | Gletsjer |
| Nuage | Wolken |
| Paisible | Rustig |
| Sanctuaire | Heiligdom |
| Sauvage | Wild |
| Serein | Sereen |
| Tropical | Tropisch |
| Vital | Vitaal |

## Nombres
### Getallen

| | |
|---|---|
| Cinq | Vijf |
| Deux | Twee |
| Décimal | Decimaal |
| Dix | Tien |
| Dix-Huit | Achttien |
| Dix-Neuf | Negentien |
| Dix-Sept | Zeventien |
| Douze | Twaalf |
| Huit | Acht |
| Neuf | Negen |
| Quatorze | Veertien |
| Quatre | Vier |
| Quinze | Vijftien |
| Seize | Zestien |
| Sept | Zeven |
| Six | Zes |
| Treize | Dertien |
| Trois | Drie |
| Vingt | Twintig |
| Zéro | Nul |

## *Nourriture #1*
### Eten #1

| | |
|---|---|
| **Ail** | Knoflook |
| **Basilic** | Basilicum |
| **Café** | Koffie |
| **Cannelle** | Kaneel |
| **Carotte** | Wortel |
| **Citron** | Citroen |
| **Épinard** | Spinazie |
| **Fraise** | Aardbei |
| **Jus** | Sap |
| **Lait** | Melk |
| **Navet** | Raap |
| **Oignon** | Ui |
| **Orge** | Gerst |
| **Poire** | Peer |
| **Salade** | Salade |
| **Sel** | Zout |
| **Soupe** | Soep |
| **Sucre** | Suiker |
| **Thon** | Tonijn |
| **Viande** | Vlees |

## *Nourriture #2*
### Eten #2

| | |
|---|---|
| **Amande** | Amandel |
| **Aubergine** | Aubergine |
| **Banane** | Banaan |
| **Blé** | Tarwe |
| **Brocoli** | Broccoli |
| **Cerise** | Kers |
| **Céleri** | Selderij |
| **Champignon** | Paddestoel |
| **Chocolat** | Chocolade |
| **Jambon** | Ham |
| **Kiwi** | Kiwi |
| **Mangue** | Mango |
| **Oeuf** | Ei |
| **Pain** | Brood |
| **Poisson** | Vis |
| **Pomme** | Appel |
| **Poulet** | Kip |
| **Raisin** | Druif |
| **Riz** | Rijst |
| **Tomate** | Tomaat |

## *Nutrition*
### Voeding

| | |
|---|---|
| **Amer** | Bitter |
| **Appétit** | Eetlust |
| **Calories** | Calorieën |
| **Comestible** | Eetbaar |
| **Diète** | Dieet |
| **Épices** | Specerijen |
| **Équilibré** | Evenwichtig |
| **Fermentation** | Fermentatie |
| **Glucides** | Koolhydraten |
| **Ingrédients** | Ingrediënten |
| **Liquides** | Vloeistoffen |
| **Poids** | Gewicht |
| **Protéines** | Eiwitten |
| **Qualité** | Kwaliteit |
| **Sain** | Gezond |
| **Santé** | Gezondheid |
| **Sauce** | Saus |
| **Saveur** | Smaak |
| **Toxine** | Toxine |
| **Vitamine** | Vitamine |

## *Océan*
### Oceaan

| | |
|---|---|
| **Anguille** | Aal |
| **Baleine** | Walvis |
| **Bateau** | Boot |
| **Corail** | Koraal |
| **Crabe** | Krab |
| **Crevette** | Garnaal |
| **Dauphin** | Dolfijn |
| **Éponge** | Spons |
| **Huître** | Oester |
| **Marées** | Getijden |
| **Méduse** | Kwal |
| **Poisson** | Vis |
| **Poulpe** | Octopus |
| **Requin** | Haai |
| **Récif** | Rif |
| **Sel** | Zout |
| **Tempête** | Storm |
| **Thon** | Tonijn |
| **Tortue** | Schildpad |
| **Vagues** | Golven |

## *Oiseaux*
### Vogels

| | |
|---|---|
| **Aigle** | Adelaar |
| **Autruche** | Struisvogel |
| **Canard** | Eend |
| **Cigogne** | Ooievaar |
| **Colombe** | Duif |
| **Corbeau** | Kraai |
| **Coucou** | Koekoek |
| **Cygne** | Zwaan |
| **Flamant** | Flamingo |
| **Héron** | Reiger |
| **Manchot** | Pinguïn |
| **Moineau** | Mus |
| **Mouette** | Meeuw |
| **Oeuf** | Ei |
| **Oie** | Gans |
| **Paon** | Pauw |
| **Perroquet** | Papegaai |
| **Pélican** | Pelikaan |
| **Poulet** | Kip |
| **Toucan** | Toekan |

## *Pays #1*
### Landen #1

| | |
|---|---|
| **Afghanistan** | Afghanistan |
| **Allemagne** | Duitsland |
| **Argentine** | Argentinië |
| **Brésil** | Brazilië |
| **Canada** | Canada |
| **Espagne** | Spanje |
| **Équateur** | Ecuador |
| **Finlande** | Finland |
| **Inde** | India |
| **Israël** | Israël |
| **Libye** | Libië |
| **Mali** | Mali |
| **Maroc** | Marokko |
| **Nicaragua** | Nicaragua |
| **Norvège** | Noorwegen |
| **Panama** | Panama |
| **Philippines** | Filipijnen |
| **Pologne** | Polen |
| **Roumanie** | Roemenië |
| **Venezuela** | Venezuela |

## Pays #2
### Landen #2

| | |
|---|---|
| **Albanie** | Albani |
| **Chine** | China |
| **Danemark** | Denemarken |
| **France** | Frankrijk |
| **Haïti** | Haïti |
| **Indonésie** | Indonesië |
| **Irlande** | Ierland |
| **Jamaïque** | Jamaica |
| **Japon** | Japan |
| **Kenya** | Kenia |
| **Laos** | Laos |
| **Liban** | Libanon |
| **Mexique** | Mexico |
| **Ouganda** | Oeganda |
| **Pakistan** | Pakistan |
| **Russie** | Rusland |
| **Somalie** | Somalië |
| **Soudan** | Soedan |
| **Syrie** | Syrië |
| **Ukraine** | Oekraïne |

## Paysages
### Landschappen

| | |
|---|---|
| **Cascade** | Waterval |
| **Colline** | Heuvel |
| **Désert** | Woestijn |
| **Estuaire** | Estuarium |
| **Fleuve** | Rivier |
| **Geyser** | Geiser |
| **Glacier** | Gletsjer |
| **Grotte** | Grot |
| **Iceberg** | Ijsberg |
| **Île** | Eiland |
| **Lac** | Meer |
| **Marais** | Moeras |
| **Mer** | Zee |
| **Montagne** | Berg |
| **Oasis** | Oase |
| **Péninsule** | Schiereiland |
| **Plage** | Strand |
| **Toundra** | Toendra |
| **Vallée** | Vallei |
| **Volcan** | Vulkaan |

## Physique
### Natuurkunde

| | |
|---|---|
| **Accélération** | Versnelling |
| **Atome** | Atoom |
| **Chaos** | Chaos |
| **Chimique** | Chemisch |
| **Densité** | Dichtheid |
| **Électron** | Elektron |
| **Formule** | Formule |
| **Fréquence** | Frequentie |
| **Gaz** | Gas |
| **Gravité** | Zwaartekracht |
| **Magnétisme** | Magnetisme |
| **Masse** | Massa |
| **Mécanique** | Mechanica |
| **Molécule** | Molecuul |
| **Moteur** | Motor |
| **Nucléaire** | Nucleair |
| **Particule** | Deeltje |
| **Relativité** | Relativiteit |
| **Universel** | Universeel |
| **Vitesse** | Snelheid |

## Plage
### Strand

| | |
|---|---|
| **Bateau** | Boot |
| **Bleu** | Blauw |
| **Coquilles** | Schelpen |
| **Côte** | Kust |
| **Crabe** | Krab |
| **Dock** | Dok |
| **Île** | Eiland |
| **Lagune** | Lagune |
| **Mer** | Zee |
| **Nager** | Zwemmen |
| **Océan** | Oceaan |
| **Parapluie** | Paraplu |
| **Récif** | Rif |
| **Sable** | Zand |
| **Sandales** | Sandalen |
| **Serviette** | Handdoek |
| **Soleil** | Zon |
| **Vacances** | Vakantie |
| **Voilier** | Zeilboot |

## Plantes
### Installaties

| | |
|---|---|
| **Arbre** | Boom |
| **Baie** | Bes |
| **Bambou** | Bamboe |
| **Botanique** | Plantkunde |
| **Buisson** | Struik |
| **Cactus** | Cactus |
| **Engrais** | Mest |
| **Feuillage** | Gebladerte |
| **Fleur** | Bloem |
| **Flore** | Flora |
| **Forêt** | Bos |
| **Grandir** | Groeien |
| **Haricot** | Boon |
| **Herbe** | Gras |
| **Jardin** | Tuin |
| **Lierre** | Klimop |
| **Mousse** | Mos |
| **Pétale** | Bloemblad |
| **Racine** | Wortel |
| **Végétation** | Vegetatie |

## Professions #1
### Beroepen #1

| | |
|---|---|
| **Ambassadeur** | Ambassadeur |
| **Astronome** | Astronoom |
| **Avocat** | Advocaat |
| **Banquier** | Bankier |
| **Bijoutier** | Juwelier |
| **Cartographe** | Cartograaf |
| **Chasseur** | Jager |
| **Danseur** | Danser |
| **Entraîneur** | Trainer |
| **Éditeur** | Editor |
| **Géologue** | Geoloog |
| **Infirmière** | Verpleegster |
| **Médecin** | Dokter |
| **Musicien** | Muzikant |
| **Pianiste** | Pianist |
| **Plombier** | Loodgieter |
| **Pompier** | Brandweerman |
| **Psychologue** | Psycholoog |
| **Scientifique** | Wetenschapper |
| **Vétérinaire** | Dierenarts |

## Professions #2
### Beroepen #2

| | |
|---|---|
| **Astronaute** | Astronaut |
| **Biologiste** | Bioloog |
| **Chercheur** | Onderzoeker |
| **Chirurgien** | Chirurg |
| **Dentiste** | Tandarts |
| **Détective** | Detective |
| **Enseignant** | Leraar |
| **Illustrateur** | Illustrator |
| **Ingénieur** | Ingenieur |
| **Inventeur** | Uitvinder |
| **Jardinier** | Tuinman |
| **Journaliste** | Journalist |
| **Linguiste** | Linguïst |
| **Médecin** | Arts |
| **Peintre** | Schilder |
| **Philosophe** | Filosoof |
| **Photographe** | Fotograaf |
| **Pilote** | Piloot |
| **Professeur** | Professor |
| **Zoologiste** | Zoöloog |

## Psychologie
### Psychologie

| | |
|---|---|
| **Clinique** | Klinisch |
| **Comportement** | Gedrag |
| **Conflit** | Conflict |
| **Ego** | Ego |
| **Enfance** | Jeugd |
| **Expériences** | Ervaringen |
| **Émotions** | Emoties |
| **Évaluation** | Beoordeling |
| **Idées** | Ideeën |
| **Inconscient** | Bewusteloos |
| **Influences** | Invloed |
| **Pensées** | Gedachten |
| **Perception** | Perceptie |
| **Problème** | Probleem |
| **Rendez-Vous** | Afspraak |
| **Réalité** | Realiteit |
| **Rêves** | Dromen |
| **Sensation** | Gevoel |
| **Subconscient** | Onderbewust |
| **Thérapie** | Therapie |

## Randonnée
### Wandelen

| | |
|---|---|
| **Animaux** | Dieren |
| **Bottes** | Laarzen |
| **Camping** | Kamperen |
| **Carte** | Kaart |
| **Climat** | Klimaat |
| **Eau** | Water |
| **Falaise** | Klif |
| **Fatigué** | Moe |
| **Guides** | Gidsen |
| **Lourd** | Zwaar |
| **Météo** | Weer |
| **Montagne** | Berg |
| **Nature** | Natuur |
| **Orientation** | Oriëntatie |
| **Parcs** | Parken |
| **Pierres** | Stenen |
| **Préparation** | Voorbereiding |
| **Sauvage** | Wild |
| **Soleil** | Zon |
| **Sommet** | Top |

## Restaurant #2
### Restaurant #2

| | |
|---|---|
| **Boisson** | Drank |
| **Chaise** | Stoel |
| **Cuillère** | Lepel |
| **Déjeuner** | Lunch |
| **Délicieux** | Heerlijk |
| **Dîner** | Diner |
| **Eau** | Water |
| **Épices** | Specerijen |
| **Fourchette** | Vork |
| **Fruit** | Fruit |
| **Gâteau** | Cake |
| **Glace** | Ijs |
| **Légumes** | Groente |
| **Nouilles** | Noedels |
| **Oeuf** | Eieren |
| **Poisson** | Vis |
| **Salade** | Salade |
| **Sel** | Zout |
| **Serveur** | Ober |
| **Soupe** | Soep |

## Réchauffement Climatique
### Opwarming van de Aarde

| | |
|---|---|
| **Arctique** | Arctisch |
| **Attention** | Aandacht |
| **Changements** | Veranderingen |
| **Climat** | Klimaat |
| **Conséquences** | Gevolgen |
| **Crise** | Crisis |
| **Développement** | Ontwikkeling |
| **Données** | Gegevens |
| **Environnemental** | Milieu |
| **Énergie** | Energie |
| **Futur** | Toekomst |
| **Gaz** | Gas |
| **Générations** | Generaties |
| **Gouvernement** | Regering |
| **Industrie** | Industrie |
| **Législation** | Wetgeving |
| **Maintenant** | Nu |
| **Populations** | Populaties |
| **Scientifique** | Wetenschapper |
| **Températures** | Temperaturen |

## Santé et Bien-Être #1
### Gezondheid en Welzijn #1

| | |
|---|---|
| **Actif** | Actief |
| **Bactéries** | Bacteriën |
| **Blessure** | Letsel |
| **Clinique** | Kliniek |
| **Faim** | Honger |
| **Fracture** | Breuk |
| **Habitude** | Gewoonte |
| **Hauteur** | Hoogte |
| **Hormone** | Hormonen |
| **Médecin** | Dokter |
| **Médicament** | Medicijn |
| **Muscles** | Spieren |
| **Os** | Botten |
| **Peau** | Huid |
| **Pharmacie** | Apotheek |
| **Posture** | Houding |
| **Réflexe** | Reflex |
| **Thérapie** | Therapie |
| **Traitement** | Behandeling |
| **Virus** | Virus |

## Santé et Bien-Être #2
### Gezondheid en Welzijn #2

| | |
|---|---|
| **Allergie** | Allergie |
| **Anatomie** | Anatomie |
| **Appétit** | Eetlust |
| **Calorie** | Calorie |
| **Corps** | Lichaam |
| **Déshydratation** | Dehydratie |
| **Énergie** | Energie |
| **Génétique** | Genetica |
| **Hôpital** | Ziekenhuis |
| **Hygiène** | Hygiëne |
| **Infection** | Infectie |
| **Maladie** | Ziekte |
| **Massage** | Massage |
| **Nutrition** | Voeding |
| **Poids** | Gewicht |
| **Récupération** | Herstel |
| **Sain** | Gezond |
| **Sang** | Bloed |
| **Stress** | Stress |
| **Vitamine** | Vitamine |

## Science
### Wetenschap

| | |
|---|---|
| **Atome** | Atoom |
| **Chimique** | Chemisch |
| **Climat** | Klimaat |
| **Données** | Gegevens |
| **Expérience** | Experiment |
| **Évolution** | Evolutie |
| **Fait** | Feit |
| **Fossile** | Fossiel |
| **Gravité** | Zwaartekracht |
| **Hypothèse** | Hypothese |
| **Laboratoire** | Laboratorium |
| **Méthode** | Methode |
| **Minéraux** | Mineralen |
| **Molécules** | Moleculen |
| **Nature** | Natuur |
| **Observation** | Observatie |
| **Organisme** | Organisme |
| **Particules** | Deeltjes |
| **Physique** | Natuurkunde |
| **Scientifique** | Wetenschapper |

## Science-Fiction
### Meer Informatie

| | |
|---|---|
| **Atomique** | Atoom |
| **Cinéma** | Bioscoop |
| **Dystopie** | Dystopie |
| **Explosion** | Explosie |
| **Extrême** | Extreem |
| **Fantastique** | Fantastisch |
| **Feu** | Brand |
| **Futuriste** | Futuristisch |
| **Illusion** | Illusie |
| **Imaginaire** | Denkbeeldig |
| **Livres** | Boeken |
| **Monde** | Wereld |
| **Mystérieux** | Mysterieus |
| **Oracle** | Orakel |
| **Planète** | Planeet |
| **Réaliste** | Realistisch |
| **Robots** | Robots |
| **Scénario** | Scenario |
| **Technologie** | Technologie |
| **Utopie** | Utopie |

## Temps
### Tijd

| | |
|---|---|
| **Année** | Jaar |
| **Annuel** | Jaarlijks |
| **Après** | Na |
| **Avant** | Voor |
| **Bientôt** | Spoedig |
| **Calendrier** | Kalender |
| **Décennie** | Decennium |
| **Futur** | Toekomst |
| **Heure** | Uur |
| **Hier** | Gisteren |
| **Horloge** | Klok |
| **Jour** | Dag |
| **Maintenant** | Nu |
| **Matin** | Ochtend |
| **Midi** | Middag |
| **Minute** | Minuut |
| **Mois** | Maand |
| **Nuit** | Nacht |
| **Semaine** | Week |
| **Siècle** | Eeuw |

## Types de Cheveux
### Haartypes

| | |
|---|---|
| **Argent** | Zilver |
| **Blanc** | Wit |
| **Blond** | Blond |
| **Boucles** | Krullen |
| **Brillant** | Glimmend |
| **Chauve** | Kaal |
| **Coloré** | Gekleurd |
| **Court** | Kort |
| **Doux** | Zacht |
| **Épais** | Dik |
| **Frisé** | Krullend |
| **Gris** | Grijs |
| **Long** | Lang |
| **Marron** | Bruin |
| **Mince** | Dun |
| **Noir** | Zwart |
| **Ondulé** | Golvend |
| **Sain** | Gezond |
| **Sec** | Droog |
| **Tressé** | Gevlochten |

## Univers
### Universum

| | |
|---|---|
| **Astéroïde** | Asteroïde |
| **Astronome** | Astronoom |
| **Astronomie** | Astronomie |
| **Atmosphère** | Atmosfeer |
| **Ciel** | Hemel |
| **Cosmique** | Kosmisch |
| **Équateur** | Evenaar |
| **Hémisphère** | Halfrond |
| **Horizon** | Horizon |
| **Inclinaison** | Kantelen |
| **Latitude** | Breedtegraad |
| **Longitude** | Lengtegraad |
| **Lune** | Maan |
| **Obscurité** | Duisternis |
| **Orbite** | Baan |
| **Solaire** | Zonne |
| **Solstice** | Zonnewende |
| **Télescope** | Telescoop |
| **Visible** | Zichtbaar |
| **Zodiaque** | Dierenriem |

## Vacances #2
### Vakantie #2

| | |
|---|---|
| **Aéroport** | Luchthaven |
| **Camping** | Kamperen |
| **Carte** | Kaart |
| **Destination** | Bestemming |
| **Étranger** | Buitenlander |
| **Hôtel** | Hotel |
| **Île** | Eiland |
| **Loisir** | Vrije Tijd |
| **Mer** | Zee |
| **Passeport** | Paspoort |
| **Plage** | Strand |
| **Restaurant** | Restaurant |
| **Réservations** | Reserveringen |
| **Taxi** | Taxi |
| **Tente** | Tent |
| **Train** | Trein |
| **Transport** | Vervoer |
| **Vacances** | Vakantie |
| **Visa** | Visum |
| **Voyage** | Reis |

## Véhicules
### Voertuigen

| | |
|---|---|
| **Ambulance** | Ambulance |
| **Avion** | Vliegtuig |
| **Bateau** | Boot |
| **Bus** | Bus |
| **Camion** | Vrachtauto |
| **Caravane** | Caravan |
| **Ferry** | Veerboot |
| **Fusée** | Raket |
| **Hélicoptère** | Helikopter |
| **Métro** | Metro |
| **Moteur** | Motor |
| **Navette** | Shuttle |
| **Pneus** | Banden |
| **Radeau** | Vlot |
| **Scooter** | Scooter |
| **Sous-Marin** | Onderzeeër |
| **Taxi** | Taxi |
| **Tracteur** | Tractor |
| **Vélo** | Fiets |
| **Voiture** | Auto |

## Vêtements
### Kleding

| | |
|---|---|
| **Bracelet** | Armband |
| **Ceinture** | Riem |
| **Chapeau** | Hoed |
| **Chaussure** | Schoen |
| **Chemise** | Shirt |
| **Chemisier** | Blouse |
| **Collier** | Ketting |
| **Foulard** | Sjaal |
| **Gants** | Handschoenen |
| **Jeans** | Jeans |
| **Jupe** | Rok |
| **Manteau** | Jas |
| **Mode** | Mode |
| **Pantalon** | Broek |
| **Pull** | Trui |
| **Pyjama** | Pyjama |
| **Robe** | Jurk |
| **Sandales** | Sandalen |
| **Tablier** | Schort |
| **Veste** | Jasje |

## Ville
### Stad

| | |
|---|---|
| **Aéroport** | Luchthaven |
| **Banque** | Bank |
| **Bibliothèque** | Bibliotheek |
| **Boulangerie** | Bakkerij |
| **Cinéma** | Bioscoop |
| **Clinique** | Kliniek |
| **École** | School |
| **Fleuriste** | Bloemist |
| **Galerie** | Galerij |
| **Hôtel** | Hotel |
| **Librairie** | Boekhandel |
| **Marché** | Markt |
| **Musée** | Museum |
| **Pharmacie** | Apotheek |
| **Restaurant** | Restaurant |
| **Stade** | Stadion |
| **Supermarché** | Supermarkt |
| **Théâtre** | Theater |
| **Université** | Universiteit |
| **Zoo** | Dierentuin |

# *Félicitations*

**Vous avez réussi !**

Nous espérons que vous avez apprécié ce livre autant que nous avons pris plaisir à le concevoir. Nous faisons de notre mieux pour créer des livres de la meilleure qualité possible.
Cette édition est conçue pour permettre un apprentissage intelligent et de qualité en se divertissant !

Vous avez aimé ce livre ?

-------

Une Simple Demande

Nos livres existent grâce aux avis que vous publiez. Pourriez-vous nous aider en laissant un avis maintenant ?

Voici un lien rapide qui vous mènera à votre
page d'évaluation de vos commandes :

BestBooksActivity.com/Avis50

# CHALLENGE FINAL !

## Défi n°1

Êtes-vous prêt pour votre jeu bonus ? Nous les utilisons tout le temps mais ils ne sont pas si faciles à trouver. Voici les **Synonymes** !

Notez 5 mots que vous avez trouvés dans les puzzles notés ci-dessous (n°21, n°36, n°76) et essayez de trouver 2 synonymes pour chaque mot.

### Notez 5 Mots du *Puzzle 21*

| Mots | Synonyme 1 | Synonyme 2 |
|------|-----------|-----------|
|  |  |  |
|  |  |  |
|  |  |  |
|  |  |  |
|  |  |  |

### Notez 5 Mots du *Puzzle 36*

| Mots | Synonyme 1 | Synonyme 2 |
|------|-----------|-----------|
|  |  |  |
|  |  |  |
|  |  |  |
|  |  |  |
|  |  |  |

### Notez 5 Mots du *Puzzle 76*

| Mots | Synonyme 1 | Synonyme 2 |
|------|-----------|-----------|
|  |  |  |
|  |  |  |
|  |  |  |
|  |  |  |
|  |  |  |

# Défi n°2

Maintenant que vous vous êtes échauffé, notez 5 mots que vous avez découverts dans les Puzzles n° 9, n° 17, n° 25 et essayez de trouver 2 antonymes pour chaque mot. Combien pouvez-vous en trouver en 20 minutes ?

*Notez 5 Mots du* **Puzzle 9**

| Mots | Antonyme 1 | Antonyme 2 |
|---|---|---|
|  |  |  |
|  |  |  |
|  |  |  |
|  |  |  |
|  |  |  |

*Notez 5 Mots du* **Puzzle 17**

| Mots | Antonyme 1 | Antonyme 2 |
|---|---|---|
|  |  |  |
|  |  |  |
|  |  |  |
|  |  |  |
|  |  |  |

*Notez 5 Mots du* **Puzzle 25**

| Mots | Antonyme 1 | Antonyme 2 |
|---|---|---|
|  |  |  |
|  |  |  |
|  |  |  |
|  |  |  |
|  |  |  |

# Défi n°3

Formidable ! Ce défi final  n'est rien pour vous.

Prêt pour le dernier défi ? Choisissez 10 mots que vous avez découverts parmi les différents puzzles et notez-les ci-dessous.

| | |
|---|---|
| 1. | 6. |
| 2. | 7. |
| 3. | 8. |
| 4. | 9. |
| 5. | 10. |

Maintenant, composez un texte en pensant à une personne, un animal ou un lieu que vous aimez !

Astuce: Vous pouvez utiliser la dernière page de ce livre comme brouillon !

## Votre Composition :

_____

_____

_____

_____

_____

_____

_____

# CARNET DE NOTES :

# À TRÈS BIENTÔT !

*Toute l'équipe*

# DECOUVREZ DES JEUX GRATUITS

## GO

↓

BESTACTIVITYBOOKS.COM/FREEGAMES

www.ingramcontent.com/pod-product-compliance
Lightning Source LLC
Chambersburg PA
CBHW082207120626
46553CB00010B/3043